职业教育财经类专业教学用书

U0820767

会计基础（第3版）同步习题

于家臻　陈洪法　主　编

田晓静　副主编

電子工業出版社

Publishing House of Electronics Industry

北京・BEIJING

内 容 简 介

本书是《会计基础（第 3 版）》的配套教辅用书，是为方便教师课堂练习和课后布置作业，以及学生练习和完成作业而编写的。本书与主教材内容同步，使用方便；本书设有 “知识要点”、“学习导航”、“同步练习”、“综合训练” 等栏目；同步练习又分单项选择题、多项选择题、判断题和业务题等多种题型，能有效地满足不同层次学生的学习需要。书末还附有两套高仿真的综合测试题，既有助于教师授课时讲练结合，又有助于学生随堂巩固和课后强化所学知识，更便于主教材的使用。

本书具有很强的针对性和实用性，既可作为职业院校会计专业和会计电算化专业的教学用书，也可作为商贸类专业的教学用书，还可以作为企业在职会计人员的培训和自学用书。

图书在版编目（CIP）数据

会计基础（第 3 版）同步习题 / 于家臻，陈洪法主编. —北京：电子工业出版社，2017.8
ISBN 978-7-121-32419-2

Ⅰ. ①会… Ⅱ. ①于… ②陈… Ⅲ. ①会计学－中等专业学校－习题集 Ⅳ. ①F230-44

中国版本图书馆 CIP 数据核字（2017）第 183492 号

策划编辑：徐　玲
责任编辑：徐　玲
印　　刷：涿州市京南印刷厂
装　　订：涿州市京南印刷厂
出版发行：电子工业出版社
北京市海淀区万寿路 173 信箱　　邮编 100036
开　　本：787×1 092　1/16　　印张：11.25　字数：286.4 千字
版　　次：2013 年 9 月第 1 版
2017 年 8 月第 3 版
印　　次：2017 年 9 月第 2 次印刷
定　　价：28.00 元

前　言

本书自 2013 年第 1 版出版发行以来，得到了全国职业院校财经类及相关专业广大师生的普遍欢迎和好评，每年都多次重印，有效地满足了广大师生的教学和学习需求。为了更好地适应现代职业教育体系建设，满足职业教育人才培养和企业会计岗位的用人需求，我们在广泛调查研究的基础上，结合国家营改增税制改革的要求，对本书进行了进一步的完善和修订。

本书是《会计基础（第 3 版）》的配套教辅用书，书名为《会计基础（第 3 版）同步习题》，是为方便教师课堂练习和课后布置作业，以及学生练习和完成作业而编写的。本书与主教材内容同步，使用方便；本书设有"知识要点"、"学习导航"、"同步练习"、"综合训练"等栏目；同步练习又分单项选择题、多项选择题、判断题和业务题等多种题型，能有效地满足不同层次学生的学习需要。书末还附有两套高仿真的综合测试题，既有助于教师授课时讲练结合，又有助于学生随堂巩固和课后强化所学知识，更便于主教材的使用。

本书由于家臻、陈洪法担任主编，田晓静担任副主编。参与本书修订编写的人员有于家臻、陈洪法、田晓静、王希军、郭继英。全书由陈洪法统稿，于家臻总纂并定稿。

本书配有同步习题答案，请有此需要的教师登录华信教育资源网（www.hxedu.com.cn）免费注册后再进行下载，在有问题时请在网站留言板留言或与电子工业出版社联系（E-mail: hxedu@phei.com.cn）。

本书在编写过程中参考了部分最新教材和相关网站的资料，在此对其作者一并表示衷心的感谢。

由于编写人员的阅历、水平所限，加之编写时间仓促，书中疏漏与错误之处在所难免，敬请专家、同人及读者批评指正。

编　者

2017 年 7 月

目　录

项目一

会计概述

模块一　会计的含义

知识要点

1. 会计的概念；
2. 会计的产生与发展；
3. 会计的职能；
4. 会计的特征。

学习导航

1. 学习会计的概念，了解会计的产生和发展，理解会计是一种经济管理活动，注意把握会计概念中的关键词：货币、凭证、核算和监督。

2. 学习会计的职能，重点掌握会计的基本职能是实行核算和进行监督，理解会计核算和会计监督两项职能的相辅相成关系。

3. 学习会计的特征，重点掌握会计以货币为主要计量单位，会计采用一系列核算方法。

同步练习

一、单项选择题（本大题在每小题列出的四个选项中，只有一项符合题目要求，请将符合题目要求的选项选出。）

1. 会计是核算和监督一个单位经济活动的一种（　　）。
   A. 社会管理工作　B. 国家管理工作　C. 经济管理工作　D. 组织管理工作
2. 会计的主要计量单位是（　　）。
   A. 货币单位　B. 时间单位　C. 实物单位　D. 劳动单位
3. 会计在经济管理工作中所具有的功能称为会计的（　　）。
   A. 作用　B. 组成部分　C. 方法　D. 职能
4. 会计的基本职能包括（　　）。
   A. 记账和算账　B. 核算和监督　C. 预测和决策　D. 计算和汇总
5. 会计的事后核算不包括（　　）。
   A. 预测　B. 记账　C. 算账　D. 考核
6. 会计工作的基础是（　　）。
   A. 会计的事前核算　B. 会计的事中核算
   C. 会计的事后核算　D. 会计的监督

7. 宋代官厅中形成了“四柱清册”中的“实在”是指（　　）。
A. 期初结存　　B. 本期收入
C. 期末结存　　D. 本期支出
8. 对将要发生的经济活动进行会计监督是指（　　）。
A. 会计的事前核算　　B. 会计的事中核算
C. 会计的事前监督　　D. 会计的事中监督

二、多项选择题（本大题在每小题列出的四个选项中，有两项或两项以上符合题目要求，请将符合题目要求的选项选出。）

1. 下列属于会计职能的有（　　）。
A. 核算　B. 预测　C. 参与决策　D. 实行监督
2. 下列属于会计事后核算的是（　　）。
A. 记账　B. 分析　C. 参与计划　D. 考核
3. 会计的特征包括（　　）。
A. 会计以货币作为主要计量单位　　B. 会计是一个经济信息系统
C. 会计是一种经济管理活动　　D. 经济越发展，会计越重要
4. 会计的计量单位有（　　）。
A. 货币尺度　B. 时间尺度　C. 劳动尺度　D. 实物尺度
5. 下列说法正确的是（　　）。
A. 会计核算和会计监督相辅相成、辩证统一
B. 会计核算和会计监督没有任何联系
C. 会计核算是会计监督的基础
D. 会计监督是会计核算的基础
6. 会计的拓展职能包括（　　）。
A. 预测经济前景　　B. 检查经营状况
C. 参与经济决策　　D. 评价经营业绩
7. 会计的发展可划分为（　　）。
A. 古代会计阶段　　B. 近代会计阶段
C. 当代会计阶段　　D. 现代会计阶段
8. 会计监督是一个过程，分为（　　）。
A. 事后监督　B. 内部监督　C. 事中监督　D. 事前监督

三、判断题（判断正误，把你认为正确的在题后的括号内打“√”，错误的打“×”。）

1. 任何社会经济活动都离不开会计，经济越发展，会计越重要。（　　）
2. 四柱结算法始于西汉时期。（　　）
3. 会计管理是通过会计的职能来实现的。（　　）
4. 会计的基本职能是核算和预测。（　　）
5. 从核算时间上看，会计核算包括事中核算和事后核算，不包括事前核算。（　　）
6. 会计的事后核算包括记账、算账、报账、分析和考核等形式。（　　）
7. 事前监督与事后监督有利于及时发现问题、及时采取补救措施，防患于未然。（　　）
8. 会计监督是会计核算的基础，会计核算是会计监督的延续。（　　）

9. 会计是一个以提供财务信息为主的经济信息系统。 （ ）

10. 在会计核算中，如果运用实物尺度进行了记录，就无须再用货币尺度进行反映了。 （ ）

模块二 会计基本假设与会计基础

知识要点

1. 会计基本假设；
2. 会计基础。

学习导航

1. 学习会计基本假设，主要理解会计主体、持续经营、会计分期与货币计量。
2. 学习会计基础，重点掌握权责发生制，理解收付实现制。

同步练习

一、单项选择题（本大题在每小题列出的四个选项中，只有一项符合题目要求，请将符合题目要求的选项选出。）

1. 企业会计确认、计量和报告的空间范围是指（ ）。

A. 会计主体　　B. 会计客体
C. 会计单位　　D. 会计方法

2. 对收入、费用的确认应当以收入和费用的实际发生作为确认的标准，合理确认当期损益的会计基础是（ ）。

A. 会计主体　　B. 持续经营
C. 权责发生制　　D. 收付实现制

3. 按照权责发生制的要求，应计入本月收入或费用的是（ ）。

A. 前期提供劳务未收款，本期收款
B. 本期销售商品一批，尚未收款
C. 预付下月的通信费
D. 预付下一年的报刊费

4. 下列关于会计分期的说法，错误的是（ ）。

A. 会计分期是对会计主体活动的时间范围上的限定
B. 会计分期分为年度、半年度、季度和月度
C. 会计分期均按公历起讫日期确定
D. 会计分期是对会计主体活动在空间范围上的限定

5. 在可以预见的未来，会计主体不会破产清算，所持有的资产将正常营运，所负有的债务将正常偿还，这是指（ ）。

A. 会计主体　　B. 持续经营　　C. 会计分期　　D. 货币计量

6. 201×年4月，某公司发生以下经济业务：（1）收到上月销售商品的货款8 000元；（2）本月销售商品货款总计200 000元，实际收到150 000元，余款尚未收到；（3）预收下个

月将售商品货款30 000元；（4）预付第二季度房租12 000元。在权责发生制下，该公司4月份的收入与费用分别是（　　）。

A. 158 000元，12 000元　　B. 200 000元，12 000元

C. 200 000元，4 000元　　D. 230 000元，4 000元

二、多项选择题（本大题在每小题列出的四个选项中，有两项或两项以上符合题目要求，请将符合题目要求的选项选出。）

1. 会计基本假设包括（　　）。

A. 会计主体　B. 持续经营　C. 会计分期　D. 货币计量

2. 会计中期包括（　　）。

A. 月度　B. 季度　C. 半年度　D. 年度

3. 关于会计主体的概念，下列说法正确的是（　　）。

A. 会计主体可以是法人，也可以是非法人

B. 会计主体可以是一个企业，也可以是企业内部的某一个单位

C. 会计主体可以是一个单一的企业，也可以是由几个企业组成的企业集团

D. 当企业与员工有经济往来时，应将企业与员工视为一个会计主体处理

4. 下列会计事项以持续经营为前提的是（　　）。

A. 企业固定资产计量应按购建时的历史成本入账

B. 固定资产价值通过提取折旧的形式，在其使用年限内分期转作费用

C. 会计核算以人民币为记账本位币

D. 按期编报财务报表

5. 关于收付实现制，下列说法正确的是（　　）。

A. 事业单位会计核算一般采用收付实现制

B. 政府会计中的预算会计实行收付实现制

C. 政府会计中的财务会计实行收付实现制

D. 收付实现制也称现金制

6. 根据权责发生制原则，应计入本期收入和费用的有（　　）。

A. 前期提供劳务未收款，本期收款

B. 本期销售商品一批，尚未收款

C. 本期耗用的水电费，尚未支付

D. 预付下一年的报刊费

三、判断题（判断正误，把你认为正确的在题后的括号内打“√”，错误的打“×”。）

1. 法人可以作为会计主体，但会计主体不一定是法人。（　　）

2. 权责发生制以款项的实际收付为标准来处理经济业务，并确定本期收入和费用。（　　）

3. 在我国，企业会计核算采用权责发生制。（　　）

4. 权责发生制要求，不论是否属于本期的收入，只要款项收到，都应作为本期的收入。（　　）

5. 会计基础又称会计记账基础，是指会计确认、计量和报告的基础。（　　）

6. 业务收支以外币为主的企业，不允许选择外币作为记账本位币。（　　）

7. 会计核算的四项基本假设，具有相互依存、相互补充的关系。（　　）

8. 权责发生制主要是从空间上规定会计确认的基础。（　　）

模块三　会计对象与会计要素

知识要点

1. 会计对象；
2. 会计目标；
3. 会计要素。

学习导航

1. 学习会计的对象，重点掌握会计对象的概念，理解“资金投入→资金运用→资金退出”的资金运动过程。

2. 学习会计要素，重点掌握资产、负债、所有者权益、收入、费用和利润的概念和分类，理解它们的基本特征、确认条件，了解会计要素的计量。

同步练习

一、单项选择题（本大题在每小题列出的四个选项中，只有一项符合题目要求，请将符合题目要求的选项选出。）

1. 对会计对象进行的基本分类是指（　　）。
A. 会计职能　B. 会计要素　C. 会计事项　D. 会计主体

2. 下列不属于流动资产的是（　　）。
A. 库存现金　B. 应收账款　C. 存货　D. 无形资产

3. 使成品资金转化为货币资金的过程是（　　）。
A. 筹资过程　B. 生产过程　C. 销售过程　D. 供应过程

4. 下列属于资产的是（　　）。
A. 预付账款　B. 长期借款　C. 应付账款　D. 预收账款

5. 下列属于非流动负债的是（　　）。
A. 应付股利　B. 应付债券　C. 应交税费　D. 应付票据

6. 投资者投入的资本是指（　　）。
A. 实收资本　B. 资本公积　C. 盈余公积　D. 应收股利

7. 下列可归属成本的费用是（　　）。
A. 管理费用　B. 制造费用　C. 财务费用　D. 销售费用

8. 下列不属于所有者权益的是（　　）。
A. 实收资本　B. 未分配利润　C. 留存收益　D. 长期股权投资

9. 企业一定会计期间的经营成果是（　　）。
A. 资产　B. 收入　C. 费用　D. 利润

10. 收入会导致（　　）。
A. 资产减少　B. 负债增加　C. 所有者权益增加　D. 费用增加

11. 取得或制造某项财产物资时所实际支付的现金或其等价物指的是会计计量属性中的（　　）。

A. 历史成本　B. 重置成本　C. 现值　D. 公允价值

12. 通常应用于存货资产减值情况下后续计量的是（　　）。

A. 重置成本　B. 现值　C. 可变现净值　D. 历史成本

二、多项选择题（本大题在每小题列出的四个选项中，有两项或两项以上符合题目要求，请将符合题目要求的选项选出。）

1. 资金运动包括特定对象的（　　）。

A. 资金借贷　B. 资金投入　C. 资金运用　D. 资金退出

2. 资金运用过程通常经过（　　）。

A. 筹资过程　B. 供应过程　C. 生产过程　D. 销售过程

3. 资金退出包括（　　）。

A. 上缴各项税金　B. 取得借贷资金

C. 与供应单位发生货款结算　D. 向所有者分配利润

4. 应当保证所确定的会计要素金额能够取得并可靠地计量，应采用的会计要素计量属性有（　　）。

A. 重置成本　B. 可变现净值　C. 可变现净额　D. 历史成本

5. 下列属于资产基本特征的是（　　）。

A. 资产是企业过去的交易或事项形成的

B. 资产是由企业拥有或控制的资源

C. 资产是企业承担的现时义务

D. 资产预期会给企业带来经济利益

6. 下列属于流动资产的是（　　）。

A. 银行存款　B. 应付账款　C. 应收账款　D. 固定资产

7. 下列属于负债的有（　　）。

A. 应付账款　B. 预付账款　C. 应交税费　D. 应付职工薪酬

8. 下列属于企业留存收益的有（　　）。

A. 实收资本　B. 资本公积　C. 盈余公积　D. 未分配利润

9. 下列属于企业日常经济活动中经济利益总流入的有（　　）。

A. 劳务收入　B. 租金收入　C. 捐赠收入　D. 销售商品收入

10. 下列属于期间费用的有（　　）。

A. 管理费用　B. 财务费用　C. 销售费用　D. 制造费用

三、判断题（判断正误，把你认为正确的在题后的括号内打“√”，错误的打“×”。）

1. 会计的对象是会计所要核算和监督的内容。（　　）

2. 凡是特定对象能够以货币表现的经济活动，都是会计核算和监督的内容。（　　）

3. 企业资金从货币资金形态开始依次转化为储备资金、生产资金，最后回到成品资金形态。（　　）

4. 会计要素是对会计对象进行的基本分类。（　　）

5. 资产是企业未来的交易或事项形成的。（　　）

6. 负债是企业承担的现时义务。（　　）

7. 所有者权益是指企业资产扣除负债后由所有者享有的剩余权益。（　　）

8. 收入的取得会导致经济利益的总流入。 ( )

9. 费用会导致经济利益流出。 ( )

10. 利润是指企业在一定会计期间的经营成果。 ( )

11. 企业对会计要素进行计量时，应当采用公允价值。 ( )

12. 我国资产的计量涉及的计量属性有历史成本、现行成本、现行市价、可变现净值、可收回金额、公允价值等。 ( )

模块四 会计核算方法、内容与基本要求

知识要点

1. 会计核算方法；
2. 会计核算内容；
3. 会计核算基本要求。

学习导航

1. 学习会计核算的方法，重点掌握填制和审核会计凭证、设置会计科目和账户、复式记账、登记会计账簿、成本计算、财产清查和编制财务报告 7 种方法，并理解由它们构成的会计核算方法体系。

2. 学习会计核算的内容，了解会计核算 7 个方面的经济业务内容。

3. 学习会计核算的基本要求，必须掌握 6 项基本要求，主要理解会计记录的文字在民族自治地方和外商投资企业等的使用情况。

同步练习

一、单项选择题（本大题在每小题列出的四个选项中，只有一项符合题目要求，请将符合题目要求的选项选出。）

1. 对会计对象进行连续、系统、全面、综合的确认、计量和报告，为企业经营管理提供必要的信息所应用的会计方法是（ ）。

A. 会计核算方法　　B. 会计分析方法
C. 会计决策方法　　D. 会计检查方法

2. 会计的核算方法不包括（ ）。

A. 设置账户　　B. 填制和审核凭证　　C. 试算平衡　　D. 成本计算

3. 会计核算工作的起点是（ ）。

A. 填制和审核会计凭证　　B. 复式记账
C. 成本计算　　D. 设置会计科目和账户

4. 复式记账是指对于每一笔经济业务，都必须用相等的金额同时登记在（ ）。

A. 一个账户中　　B. 两个相互联系的账户中
C. 两个或两个以上相互联系的账户中　　D. 两个或两个以上没有联系的账户中

5. 记录经济业务发生或者完成情况的书面证明是（ ）。

A. 会计账簿　　B. 会计凭证　　C. 财务报表　　D. 会计法规

6. 能够定期总括地反映财务状况和经营成果的专门方法是（　　）。
   A. 财产清查　B. 登记账簿　C. 成本计算　D. 编制财务报告
7. 能够保证企业账实相符的专门方法是（　　）。
   A. 成本核算　B. 财产清查　C. 填制和审核凭证　D. 复式记账
8. 在中国境内的外商投资企业的会计记录应（　　）。
   A. 只使用中文
   B. 只使用外文
   C. 既可以使用中文，也可以使用外文
   D. 在使用中文时可以同时使用一种外文

二、多项选择题（本大题在每小题列出的四个选项中，有两项或两项以上符合题目要求，请将符合题目要求的选项选出。）

1. 会计的方法包括（　　）。
   A. 会计核算方法　B. 会计分析方法
   C. 会计检查方法　D. 会计审计方法
2. 下列属于会计核算方法的有（　　）。
   A. 设置账户　B. 复式记账　C. 登记账簿　D. 成本计算
3. 会计核算的内容包括（　　）。
   A. 款项和有价证券的收付　B. 资本、基金的增减
   C. 债权、债务的发生和结算　D. 收入、支出、成本、费用的计算
4. 下列属于会计核算基本要求的有（　　）。
   A. 会计记录的文字应当使用中文
   B. 对会计凭证、会计账簿、财务报表和其他会计资料应当建立档案，妥善保管
   C. 必须根据实际发生的经济业务事项进行会计核算，编制财务报表
   D. 在民族自治地方，会计记录仅使用当地通用的民族文字即可

三、判断题（判断正误，把你认为正确的在题后的括号内打“√”，错误的打“×”。）

1. 复式记账是会计核算方法体系的核心。（　　）
2. 会计账簿，是连接会计凭证和成本计算的中间环节。（　　）
3. 从会计核算的具体内容来看，会计循环由确认、计量和报告等环节组成。（　　）
4. 成本是指企业按一定的产品或劳务对象所归集的费用，是被对象化的费用。（　　）
5. 通过填制凭证可以将复杂的经济业务进行汇总、归纳和整理，连续、系统地反映每项经济活动完整的信息资料。（　　）
6. 成本计算是企业经济核算的中心环节。（　　）
7. 企业必须定期或者不定期地对各项财产物资和往来款项进行清查、盘点和核对。（　　）
8. 编制财务报表只能定期反映企业的财务状况。（　　）

模块五 会计信息的使用者与质量要求

知识要点

1. 会计信息的使用者；
2. 会计信息的质量要求。

学习导航

1. 会计信息的使用者，主要包括投资者、债权人、企业管理者、政府及其相关部门、企业职工和社会公众等。

2. 学习会计信息的质量要求，必须掌握可靠性、相关性、可理解性、可比性、实质重于形式、重要性、谨慎性、及时性。

同步练习

一、单项选择题（本大题在每小题列出的四个选项中，只有一项符合题目要求，请将符合题目要求的选项选出。）

1. 下列会计事项中，不符合会计信息质量谨慎性要求的是（　　）。
   A. 对无形资产计提减值准备
   B. 固定资产采用平均年限法计提折旧
   C. 存货期末按成本与可变现净值孰低计量
   D. 对售出商品可能发生的保修义务确认预计负债

2. 下列不属于会计信息质量要求的是（　　）。
   A. 实质重于形式　B. 可靠性　C. 重要性　D. 权责发生制

3. 下列会计信息质量要求中，要求会计指标口径一致，以便于不同企业之间进行横向比较的是（　　）。
   A. 相关性　B. 可比性　C. 可靠性　D. 重要性

4. 可靠性也称（　　）。
   A. 客观性、真实性　B. 可比性、一致性
   C. 相关性、有用性　D. 相关性、明晰性

5. 在实务中，如果会计信息的省略或者错报影响投资者等财务会计报告使用者据此做出决策的，则该信息就具有（　　）。
   A. 可靠性　B. 可比性　C. 重要性　D. 相关性

6. 要求企业在确认、计量和报告会计信息的过程中，充分考虑使用者的决策模式和信息需要的是（　　）。
   A. 可靠性　B. 相关性　C. 可比性　D. 及时性

二、多项选择题（本大题在每小题列出的四个选项中，有两项或两项以上符合题目要求，请将符合题目要求的选项选出。）

1. 会计信息的使用者主要包括（　　）。
A. 投资者　B. 债权人　C. 企业管理者　D. 企业职工
2. 会计信息质量要求包括（　　）。
A. 可靠性　B. 相关性　C. 可比性　D. 形式重于实质
3. 及时性要求包括（　　）。
A. 及时收集会计信息　B. 及时处理会计信息
C. 及时预测会计信息　D. 及时传递会计信息
4. 下列做法中，符合会计实质重于形式要求的是（　　）。
A. 公司将签订了售后回购协议的商品确认了收入
B. 企业将融资租入的固定资产作为企业自己的资产核算
C. 企业对建造合同按照完工百分比法确认收入
D. 对单项金额不重大的金融资产合并进行减值测试

三、判断题（判断正误，把你认为正确的在题后的括号内打“√”，错误的打“×”。）

1. 债权人主要关注企业的盈利能力、未来的获利能力和利润分配政策等。（　　）
2. 可比性要求企业提供的会计信息只要保证同一企业不同时期可比，无须保证不同企业相同会计期间可比。（　　）
3. 谨慎性要求不应高估负债或费用、低估资产或者收益。（　　）
4. 及时性要求企业对于已经发生的交易或者事项，应当及时进行确认、计量和报告，不得提前或者延后。（　　）
5. 重要性的应用需要依赖职业判断，企业应当根据其所处环境和实际情况，从项目的性质和金额大小两方面加以判断。（　　）
6. 可理解性要求企业提供的会计信息应当清晰明了，便于财务会计报告使用者理解和使用。（　　）
7. 只要是客观、可比、相关的会计信息，就会对使用者有帮助，所以会计信息不必受报送的时效限制。（　　）
8. 相关性与可靠性是矛盾对立的。（　　）

综合训练

一、单项选择题（本大题在每小题列出的四个选项中，只有一项符合题目要求，请将符合题目要求的选项选出。）

1. 以货币作为主要的计量单位属于会计的（　　）。
A. 职能　B. 方法　C. 特征　D. 本质
2. 对经济活动进行核算和监督属于会计的（　　）。
A. 基本职能　B. 基本要求　C. 基本特征　D. 基本方法
3. 下列各项中，属于会计核算对象的是（　　）。
A. 签订销售合同　B. 制订采购计划
C. 购置生产设备　D. 制定生产定额

4. 下列各项中，属于利润要素的是（　　）。

A. 银行存款　　B. 实收资本
C. 营业外收入　　D. 留存收益

5. 下列各项中，能反映企业经营成果的会计要素有（　　）。

A. 资产　　B. 负债　　C. 利润　　D. 所有者权益

6. 将货币资金转化为储备资金的过程是（　　）。

A. 筹资过程　　B. 供应过程　　C. 生产过程　　D. 销售过程

7. 资产减去负债后的净额是（　　）。

A. 利润　　B. 留存收益　　C. 收入　　D. 所有者权益

8. 下列各项中，不属于资金循环与周转过程的是（　　）。

A. 筹资过程　　B. 供应过程　　C. 生产过程　　D. 销售过程

9. 应收账款属于（　　）。

A. 流动资产　　B. 非流动资产
C. 流动负债　　D. 非流动负债

10. 下列不属于收入的是（　　）。

A. 销售商品的收入　　B. 租金收入
C. 违约金收入　　D. 股利收入

11. 关于会计主体假设的说法，正确的是（　　）。

A. 会计主体就是投资者
B. 会计主体与法律主体是同义语
C. 会计主体是会计核算和会计监督的特定单位或组织
D. 会计主体假设明确了会计工作的时间范围

12. 企业资产主要以历史成本而不以现行成本或清算价格计价，依据的会计核算基本前提是（　　）。

A. 会计主体　　B. 持续经营　　C. 会计分期　　D. 货币计量

13. 企业进行会计核算采用权责发生制，依据的会计核算基本前提是（　　）。

A. 会计主体　　B. 持续经营　　C. 会计分期　　D. 货币计量

14. 下列不属于我国常见会计期间的是（　　）。

A. 1月1日起至12月31日　　B. 1月1日起至3月31日
C. 6月1日起至12月31日　　D. 5月1日起至7月31日

15. 固定资产采用加速折旧法计提折旧，主要体现会计信息质量要求的（　　）。

A. 可比性　　B. 重要性　　C. 谨慎性　　D. 相关性

16. 资产和负债按照在公平交易中，熟悉情况的交易双方自愿进行资产交换或债务清偿的金额计量是指会计要素计量属性中的（　　）。

A. 历史成本　　B. 重置成本　　C. 可变现净值　　D. 公允价值

二、多项选择题（本大题在每小题列出的四个选项中，有两项或两项以上符合题目要求，请将符合题目要求的选项选出。）

1. 费用的发生可能会导致（　　）。

A. 企业资产增加　B. 企业资产减少　　C. 企业负债增加　　D. 企业负债减少

2. 下列关于收入特征的阐述，正确的是（　　）。
A. 收入的取得会导致经济利益的总流入
B. 收入是企业在所有的活动中产生的
C. 收入不包括为第三方或客户代收的款项
D. 收入还包括与企业的日常经营活动没有直接关系的各项收入

3. 利润金额取决于（　　）。
A. 收入和费用　　B. 所有者权益
C. 直接计入当期利润的利得和损失　　D. 资产和负债

4. 下列各项属于会计要素的是（　　）。
A. 资产　　B. 负债　　C. 收入　　D. 费用

5. 企业所有者权益包括（　　）。
A. 未分配利润　　B. 盈余公积　　C. 股本　　D. 资本公积

6. 会计的计量尺度包括（　　）。
A. 货币尺度　　B. 实物量度　　C. 空间量度　　D. 劳动量度

7. 下列属于流动负债的是（　　）。
A. 短期借款　　B. 应付账款　　C. 应收账款　　D. 应付债券

8. 生产费用是指与企业日常生产经营活动有关的费用，按其经济用途可分为（　　）。
A. 直接材料　　B. 直接人工
C. 制造费用　　D. 期间费用

9. 下列会计核算内容中属于债权、债务的发生和结算的有（　　）。
A. 应收账款的发生　　B. 借入短期借款
C. 预收购货单位的货款　　D. 长期股权投资的发生

10. 下列选项中符合会计核算基本要求的是（　　）。
A. 会计记录的文字可由企业自定
B. 对会计凭证、会计账簿、财务报表和其他会计资料应当建立档案，妥善保管
C. 必须根据实际发生的经济业务事项进行会计核算，编制财务报表
D. 在民族自治地方，会计记录仅使用当地通用的民族文字即可

11. 会计目标也称会计目的，主要包含的内容有（　　）。
A. 向财务会计报告使用者提供企业财务状况信息
B. 向财务会计报告使用者提供经营成果和现金流量信息
C. 反映企业管理层受托责任履行情况
D. 向信息使用者提供对决策相关的会计信息

12. 下列选项中，可以作为一个会计主体的是（　　）。
A. 母公司　　B. 子公司　　C. 分公司　　D. 独资企业

13. 谨慎性要求会计人员在选择会计处理方法时（　　）。
A. 不高估资产　　B. 不低估负债
C. 预计任何可能的收益　　D. 确认一切可能发生的损失

14. 下列关于权责发生制的表述，正确的是（　　）。
A. 权责发生制是以权利或责任的发生与否为标准，来确认收入和费用的
B. 凡属本期的收入，不论其款项是否收到，都应作为本期的收入
C. 凡不应归属本期的收入，只要款项在本期收到，即可作为本期收入
D. 凡不应归属本期的费用，即使款项已经付出，也不能作为本期费用

15. 财务成果的计算和处理一般包括（　　）。
A. 收入的确认　　B. 费用的计算和分配
C. 所得税的计算和缴纳　　D. 利润的分配或亏损弥补

16. 会计计量的属性主要包括（　　）。
A. 公允价值　　B. 可变现净值　　C. 重置成本　　D. 历史成本

三、判断题（判断正误，把你认为正确的在题后的括号内打“√”，错误的打“×”。）

1. 会计核算贯穿于经济活动的全过程。（　　）
2. 会计的核算职能也称会计的反映职能，是会计最基本的职能。（　　）
3. 流动资产是变现周期在一年以上的资产。（　　）
4. 资产按购置时所付出的对价的公允价值计量，其会计计量属性是现值。（　　）
5. 负债按偿还期限的长短分为流动负债和固定负债。（　　）
6. 所有者权益包括实收资本、资本公积、盈余公积和长期股权投资四个部分。（　　）
7. 利得是指由企业非日常活动所形成的，会导致所有者权益增加，与所有者投入资本无关的经济利益的流入。（　　）
8. 收入包括为第三方或客户代收的款项。（　　）
9. 费用是企业资金的支出，不会减少企业的所有者权益。（　　）
10. 利润金额取决于收入和费用、直接计入当期利润的利得和损失金额的计量。（　　）
11. 我国境内所有的单位都应以人民币作为记账本位币。（　　）
12. 以货币表现的经济活动，通常又称为价值运动或资金运动。（　　）

项目二

账户与复式记账

模块一　会计科目

知识要点

1. 会计科目的概念；
2. 会计科目的分类；
3. 会计科目的设置。

学习导航

1. 学习会计科目的意义，理解会计科目的概念，明确会计科目是设置账户、进行账务处理的依据，同时也是正确组织会计核算的一个重要条件。

2. 学习会计科目的分类，重点掌握会计科目按经济内容分类和按其提供信息的详细程度分类。会计科目按其所反映的经济内容不同，分为资产类、负债类、共同类、所有者权益类、成本类和损益类。按其所提供信息的详细程度不同，分为总分类科目和明细分类科目，要注意总分类科目和明细分类科目的关系。

3. 学习会计科目的设置，尝试记忆最常用的会计科目，为以后的学习奠定基础。

同步练习

一、单项选择题（本大题在每小题列出的四个选项中，只有一项符合题目要求，请将符合题目要求的选项选出。）

1. 对会计要素的具体内容进一步分类的项目是指（　　）。

A. 会计对象　　B. 会计职能　　C. 资金运动　　D. 会计科目

2. 下列项目的内容，在设置会计科目时应全面而系统地反映的是（　　）。

A. 会计要素　　B. 会计职能　　C. 会计本质　　D. 会计概念

3. “银行存款”科目按其所反映的经济内容分类，属于（　　）。

A. 资产类科目　　B. 负债类科目
C. 所有者权益类科目　　D. 成本类科目

4. 总分类科目是对会计对象的具体内容进行（　　）。

A. 一般分类的科目　　B. 分别分类的科目
C. 总括分类的科目　　D. 详细分类的科目

5. 将会计科目划分为总分类科目和明细分类科目，是按（　　）。
A. 经济内容分类　B. 提供信息的详细程度分类
C. 结构分类　D. 用途分类
6. 下列会计科目不属于资产类科目的是（　　）。
A. 其他货币资金　B. 预付账款　C. 累计折旧　D. 应付票据
7. 下列会计科目属于负债类科目的是（　　）。
A. 其他货币资金　B. 预付账款　C. 累计折旧　D. 预收账款
8. 总分类科目的设置权限（　　）。
A. 原则上由国家统一规定　B. 由各基层单位自行设置
C. 由国家和地方协商设置　D. 由地方设置，单位选择使用
9. 对会计科目的表述，下列说法错误的是（　　）。
A. 会计科目是设置账户的依据
B. 会计科目是进行账务处理的依据
C. 会计科目按经济内容分为总账科目和明细科目
D. 会计科目是正确组织会计核算的一个重要条件
10. 下列科目中，不是总分类科目其他称谓的是（　　）。
A. 一级科目　B. 总账科目　C. 总目　D. 子目

二、多项选择题（本大题在每小题列出的四个选项中，有两项或两项以上符合题目要求，请将符合题目要求的选项选出。）

1. 会计科目是（　　）。
A. 会计核算和监督的重要手段　B. 设置账户的依据
C. 进行账务处理的依据　D. 正确组织会计核算的一个重要条件
2. 下列会计科目属于资产类科目的有（　　）。
A. 应收票据　B. 预收账款　C. 应付票据　D. 预付账款
3. 下列会计科目属于负债类科目的有（　　）。
A. 应收账款　B. 应付账款　C. 预收账款　D. 预付账款
4. 下列会计科目属于成本类科目的有（　　）。
A. 主营业务成本　B. 生产成本　C. 实收资本　D. 制造费用
5. 下列关于“应交税费——应交增值税（进项税额）”科目的表述，正确的有（　　）。
A. “应交税费”是一级科目　B. “应交增值税”是二级科目
C. “进项税额”是三级科目　D. 由地方设置，单位选择使用

三、判断题（判断正误，把你认为正确的在题后的括号内打“√”，错误的打“×”。）

1. 会计科目按经济内容分类，可分为总分类科目和明细分类科目。（　　）
2. 所有的总分类科目都要设置明细分类科目。（　　）
3. 总分类科目是最高层次的会计科目，控制或统驭着其所属的明细科目。（　　）
4. 总分类科目由国家统一规定，而明细科目则由单位自行设置。（　　）
5. 大多数明细科目是由企业根据经营管理的需要自行设置的。（　　）

四、业务题

【资料】凯瑞公司201×年1月月末的财务状况如下：

（1）存放在公司保险柜的现钞为1 000元；

（2）公司在银行的活期存款为80 000元；

（3）公司尚未收回的货款为59 000元；

（4）存储在公司仓库的各种材料价值为120 000元；

（5）单位拥有的厂房、仓库、机器设备等价值为200 000元；

（6）公司尚未到期的6个月银行借款40 000元；

（7）公司尚未支付的购货款70 000元；

（8）公司尚未到期的3年期银行借款60 000元；

（9）公司接受的投资为280 000元；

（10）公司尚有未分配的利润10 000元。

【要求】根据以上资料，写出涉及的会计科目，并指出会计科目的类型（按经济内容分类）。

模块二　账　　户

知识要点

1. 账户的概念；
2. 账户的分类；
3. 账户与会计科目的关系；
4. 账户的功能；
5. 账户的结构。

学习导航

1. 学习账户的概念和分类，重点掌握账户的概念、分类及账户与会计科目的关系。两者的联系：会计科目是设置账户的依据，是账户的名称，账户是会计科目的具体运用。两者的区别：会计科目作为会计要素的一个项目，规定了科目的核算内容和使用范围，不存在结构问题；而账户是记录经济业务的工具，反映其增减变化及其结果，所以必须具有一定的格式和结构。会计科目由国家财政部门统一制定，而账户则由企业根据会计科目和单位自身的需要来设置，这体现了会计科目的设置权限和账户的使用权限问题。设置账户是会计核算的专门方法之一。

2. 学习账户的功能和结构，主要掌握账户的功能、基本结构和一般结构的构成内容，明确任何账户一般可以划分为左、右两方，账户的左、右两方按相反方向来记录增加额和减少额，账户的余额方向一般与记录的增加额方向一致，账户所记录的发生额和余额存在恒等关系。即：

期末余额=期初余额+本期增加发生额-本期减少发生额

注意，同一账户的发生额与余额的恒等关系，在任何记账方法下都是成立的。账户的基本结构由“增加栏”、“减少栏”、“余额栏”三部分构成。

同步练习

一、单项选择题（本大题在每小题列出的四个选项中，只有一项符合题目要求，请将符合题目要求的选项选出。）

1. 账户的名称与下列项目名称一致的是（　　）。
A. 会计等式　B. 会计对象　C. 会计要素　D. 会计科目
2. 账户开设的依据是（　　）。
A. 会计核算方法　B. 会计科目　C. 会计方法　D. 会计等式
3. 账户的基本结构是由会计要素（　　）。
A. 在数量上的增减变化及其结果决定的　B. 质量变化情况决定的
C. 数量和质量变化情况决定的　D. 总量变化情况决定的
4. 会计科目和账户的根本区别是（　　）。
A. 名称不同　B. 反映的经济内容不同
C. 有无结构　D. 反映的信息详细程度不同
5. 账户的基本结构不包括（　　）。
A. 增加栏　B. 减少栏　C. 记账符号栏　D. 余额栏
6. 账户的发生额和余额的恒等关系表示为（　　）。
A. 期末余额=期初余额+本期增加发生额–本期减少发生额
B. 期末余额=期初余额+本期减少发生额–本期增加发生额
C. 期末余额+本期增加发生额=期初余额+本期减少发生额
D. 期末余额+期初余额=本期增加发生额+本期减少发生额
7. 账户余额的方向一般与记录的（　　）。
A. 增加额方向一致　B. 减少额方向一致
C. 增加额和减少额的方向都一致　D. 增加额和减少额的方向都不一致
8. 对账户的表述，下列说法错误的是（　　）。
A. 账户是根据相应的会计科目在账簿中开设的记账单元
B. 账户具有一定的格式和结构
C. 账户与会计科目没有必然联系
D. 设置账户是会计核算的专门方法之一

二、多项选择题（本大题在每小题列出的四个选项中，有两项或两项以上符合题目要求，请将符合题目要求的选项选出。）

1. 下列关于“账户”的描述，正确的有（　　）。
A. 账户具有一定的格式和结构
B. 账户用来分类、系统、连续地记录经济业务
C. 账户用来核算和监督会计要素的增减变动
D. 账户用来核算和监督会计要素的变动结果
2. 关于会计科目和账户的联系，下列说法正确的有（　　）。
A. 会计科目是设置账户的依据
B. 账户是会计科目的具体运用
C. 会计科目的分类就是账户的分类
D. 会计科目和账户所反映的内容不一致

3. 账户的基本结构包括（　　）。

A. 增加栏　　B. 减少栏　　C. 摘要栏　　D. 余额栏

4. 下列项目中，属于账户的一般结构的有（　　）。

A. 账户名称　　B. 日期和摘要　　C. 凭证字号　　D. 增、减金额及余额

5. 会计科目和账户的区别包括（　　）。

A. 有无结构　　B. 名称不同

C. 设置权限和使用权限不同　　D. 反映的经济内容不同

6. 账户哪一方登记增加额，哪一方登记减少额的影响因素包括（　　）。

A. 记账方法　　B. 账户性质

C. 账户用途　　D. 账户提供信息的详细程度

三、判断题（判断正误，把你认为正确的在题后的括号内打"√"，错误的打"×"。）

1. 所有账户都是依据会计科目设定的。（　　）

2. 所有账户的左边均记录增加额，右边均记录减少额。（　　）

3. 账户的余额方向一般与记录的增加额方向一致。（　　）

4. 账户中的本期增加发生额，是增减相抵以后的净增加额。（　　）

5. 没有会计科目，账户便失去了设置的依据；没有账户，就无法发挥会计科目的作用。（　　）

6. 账户是会计核算的具体表现形式和载体，由账户的名称和账户的格式组成；设置账户是会计核算的专门方法之一。（　　）

7. 不管采用何种记账方法，也不论是何种性质的账户，账户的基本结构都是相同的，都包括"增加栏"、"减少栏"和"余额栏"。（　　）

8. "期末余额=期初余额+本期增加发生额−本期减少发生额"这一恒等关系，无论在什么样的记账方法下都是成立的。（　　）

9. 总分类账户对明细分类账户起着控制统驭作用，所属明细分类账户对总分类账户起着补充说明的作用。（　　）

10. 账户是根据会计科目设置的，具有一定格式和结构，用于分类反映会计要素增减变动情况及其结果的载体。（　　）

四、业务题

1.【资料】凯丰公司201×年1月份部分账户的有关资料如表2-1所示。

表2-1　凯丰公司部分账户发生额及余额表

账户名称	月初余额	本月发生额		月末余额
		增加额	减少额	
固定资产	（　　）	300 000	250 000	780 000
累计折旧	600 000	100 000	（　　）	580 000
短期借款	（　　）	60 000	20 000	100 000
应付职工薪酬	0	25 000	24 000	（　　）
应交税费	3 000	（　　）	16 800	2 000
实收资本	900 000	（　　）	80 000	1 050 000
盈余公积	90 000	40 000	25 000	（　　）
利润分配	40 000	80 000	（　　）	36 000

【要求】根据表 2-1 的资料，填列表中所缺的有关数据。

2.【资料】凯丰公司 201×年 1 月份的某账户记录如表 2-2 所示。

表 2-2　总分类账

账户名称：应收账款

201×年		凭证号数	摘要	借方（增加）金额										贷方（减少）金额										借或贷	余额									
月	日			千	百	十	万	千	百	十	元	角	分	千	百	十	万	千	百	十	元	角	分		千	百	十	万	千	百	十	元	角	分
1	1		上年结转																					借				4	0	0	0	0	0	0
1	6	4	销售未收款				6	0	0	0	0	0	0											借			1	0	0	0	0	0	0	0
1	13	8	收到上月货款														4	0	0	0	0	0	0	借				6	0	0	0	0	0	0
1	19	12	销售未收款				3	0	0	0	0	0	0											借				9	0	0	0	0	0	0
1	24	20	收回货款														5	0	0	0	0	0	0	借				4	0	0	0	0	0	0
1	28	24	收回货款														2	8	0	0	0	0	0	借				1	2	0	0	0	0	0

【要求】根据以上账户记录，计算该账户的本月增加发生额、本月减少发生额和月末余额，并说明它们之间的数量关系。

模块三　复式记账原理

知识要点

1. 会计等式的表现形式；
2. 经济业务的类型；
3. 经济业务的发生对会计基本等式的影响；
4. 记账方法及其分类；
5. 复式记账法及其分类。

学习导航

1. 学习会计等式的表现形式，明确财务状况等式、经营成果等式和会计六要素必然关系等式的内容；揭示资产和权益的关系；注意静态等式关系和动态等式关系。

“资产=权益”等式为简化的会计基本等式。

“资产=负债+所有者权益”等式为财务状况等式，又称会计基本等式。说明在会计期间某一具体时点上资产、负债、所有者权益必然相等（恒等）的关系，揭示了企业某一时点的财务状况，体现了静态等式关系。

“收入−费用=利润”等式称为经营成果等式，反映了企业在一定期间内因开展生产经营活动所取得的经营成果。

“资产=负债+所有者权益+（收入−费用）”等式体现了动态等式关系，此等式还可以变形为“资产=负债+所有者权益+利润”、“资产+费用=负债+所有者权益+收入”等式，揭示了资产、负债、所有者权益、收入、费用和利润六要素之间存在着的既相互联系，又相互依存的等式关系，所以称为会计六要素必然关系等式。

2. 学习经济业务的发生对会计基本等式的影响，主要掌握经济业务的类型，包括①资产和权益同时增加（资金进入企业），②资产和权益同时减少（资金退出企业），③资产之间有增有减（资产形态的变化），④权益之间有增有减（权益类别的转化）。各类经济业务对会计基本等式的影响如图 2-1 所示。

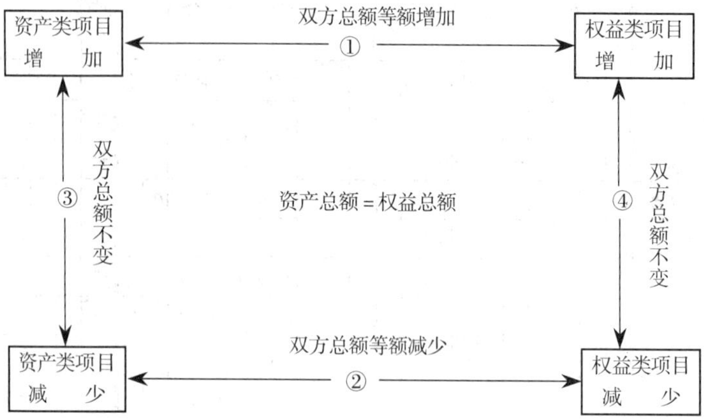

图 2-1 各类经济业务对会计基本等式的影响

3. 学习复式记账法，主要理解记账方法的含义及其分类，掌握复式记账法的含义及其分类。复式记账法的理论依据是各会计要素之间客观存在的恒等关系，复式记账是会计核算的专门方法之一。复式记账法根据记账符号、记账规则等不同，可分为借贷记账法、增减记账法和收付记账法等。我国颁布的《企业会计准则》明确规定中国境内的所有企业进行会计核算必须采用借贷记账法记账。我国行政、事业单位也采用借贷记账法记账。

同步练习

一、单项选择题（本大题在每小题列出的四个选项中，只有一项符合题目要求，请将符合题目要求的选项选出。）

1. 负债在会计基本等式中表达的含义是（　　）。

A. 债务人权益　B. 债权人权益　C. 投资者权益　D. 职工权益

2. 关于“会计基本等式”的称谓，不正确的是（　　）。

A. 会计平衡公式　B. 会计方程式　C. 财务状况等式　D. 经营成果等式

3. 下列会计等式为静态等式的是（　　）。

A. 资产=负债+所有者权益+利润　B. 资产+费用=负债+所有者权益+收入

C. 资产=负债+所有者权益　D. 资产=负债+所有者权益+（收入–费用）

4. 下列说法错误的是（　　）。

A. 收入的增加可能引起资产的增加　B. 收入的增加可能引起负债的增加

C. 费用的增加可能引起资产的减少　D. 费用的增加可能引起负债的增加

5. 下列经济业务中，引起资产和权益同时增加的是（　　）。

A. 向银行借款存入本单位存款户　B. 以银行存款偿还前欠货款

C. 将库存现金存入银行　D. 以银行存款购买材料

6. 一项资产增加，可能会引起（　　）。

A. 另一项资产的增加　B. 一项负债的增加

C. 一项所有者权益的减少　D. 一项负债的减少

7. 下列经济业务中，引起资产和负债同时减少的是（　　）。
A. 企业接受投资者投资　　B. 销售商品，款项尚未收到
C. 以银行存款偿还前欠货款　　D. 以银行存款购买材料

8. 下列经济业务中，引起资产之间有增有减的是（　　）。
A. 用银行存款偿还借款　　B. 从银行提取现金
C. 接受无形资产投资　　D. 用盈余公积转增资本

9. 下列经济业务中，引起权益之间有增有减的是（　　）。
A. 将应付债券依法转为企业股份　　B. 以银行存款偿还短期借款
C. 以专利权抵偿债务　　D. 以银行存款购买商品

10. 下列经济业务中，引起负债和所有者权益同时变动的是（　　）。
A. 用盈余公积转增资本　　B. 董事会宣告分派现金股利
C. 采用商业汇票方式采购材料　　D. 接受资产捐赠

11. 下列经济业务中，不会引起权益总额发生增减变动的是（　　）。
A. 销售商品，货款收存银行　　B. 购进材料尚未付款
C. 从银行提取现金　　D. 用银行存款偿还前欠货款

12. 下列经济业务中，引起资产和所有者权益同时增加的是（　　）。
A. 发放股票股利　　B. 将现金存入银行
C. 用现金支付股利　　D. 发行股票

13. 下列经济业务，能引起资产总额增加的是（　　）。
A. 在建工程完工转入固定资产　　B. 收回应收款项
C. 接受的现金捐赠　　D. 支付到期债务

14. 经济业务的发生仅涉及资产要素时，将引起该要素的某些项目（　　）。
A. 同增变动　　B. 同减变动
C. 有增有减变动　　D. 不增不减

15. 下列关于会计要素的等式关系，错误的是（　　）。
A. 资产=负债+所有者权益　　B. 资产+收入=负债+所有者权益−费用
C. 资产=负债+所有者权益+利润　　D. 资产+费用=负债+所有者权益+收入

16. 以下各项中，不以会计基本等式作为理论依据的是（　　）。
A. 复式记账　　B. 账户试算平衡
C. 总账与明细账的平行登记　　D. 编制资产负债表

17. “生产产品领用原材料 50 000 元”，这一经济业务属于（　　）。
A. 资产之间有增有减　　B. 权益之间有增有减
C. 资产和权益同时增加　　D. 资产和权益同时减少

18. 凯丰公司某年 1 月月初资产总额为 600 万元，本月仅发生以下经济业务：（1）支付职工工资 20 万元；（2）购入材料 50 万元，货款未付，材料已入库；（3）收到甲单位前欠货款 28 万元。月末企业资产总额应为（　　）。
A. 580 万元　　B. 650 万元　　C. 658 万元　　D. 630 万元

19. 凯丰公司 201×年年初资产总额为 600 万元，负债总额为 100 万元，年末资产总额为 1 100 万元，负债总额为 120 万元，若该年度内除利润外的其他所有者权益没有发生增减事项，则该年度凯丰公司的利润是（　　）。
A. 480 万元　　B. 500 万元　　C. 520 万元　　D. 620 万元

20. 复式记账法是对每笔经济业务都以相等的金额，在（　　）。
    A. 两个账户进行登记
    B. 一个账户进行登记
    C. 所有账户进行登记
    D. 两个或两个以上相互联系的账户进行登记

二、多项选择题（本大题在每小题列出的四个选项中，有两项或两项以上符合题目要求，请将符合题目要求的选项选出。）

1. 在“资产=权益”的等式中，其中的“权益”包括（　　）。
   A. 债权人权益　B. 债务人权益　C. 所有者权益　D. 职工权益
2. 下列等式关系成立的是（　　）。
   A. 资产=负债+所有者权益　B. 资产+费用=负债+所有者权益+收入
   C. 资产=负债+所有者权益+利润　D. 资产=负债+所有者权益+（收入–费用）
3. 属于动态等式关系的会计等式包括（　　）。
   A. 资产=负债+所有者权益　B. 资产+费用=负债+所有者权益+收入
   C. 资产=负债+所有者权益+利润　D. 资产=负债+所有者权益+（收入–费用）
4. 经济业务的类型包括（　　）。
   A. 资产和权益同时增加　B. 资产和权益同时减少
   C. 资产之间有增有减　D. 权益之间有增有减
5. 下列经济业务的类型中，不会引起资产总额和权益总额变动的有（　　）。
   A. 资金进入企业　B. 资产形态的变化
   C. 资金退出企业　D. 权益类别的转化
6. 下列经济业务的类型中，引起资产总额和权益总额发生等额增减变动的有（　　）。
   A. 资金进入企业　B. 资产形态的变化
   C. 资金退出企业　D. 权益类别的转化
7. 会计记账方法按其记录方式的不同，可以分为（　　）。
   A. 单式记账法　B. 双式记账法　C. 多式记账法　D. 复式记账法
8. 复式记账法根据记账符号、记账规则的不同，可以分为（　　）。
   A. 借贷记账法　B. 增减记账法　C. 收付记账法　D. 加减记账法
9. 在我国，采用借贷记账法记账的单位包括（　　）。
   A. 非公司制企业　B. 公司制企业　C. 行政单位　D. 事业单位
10. 关于资产和权益项目的变动，不属于经济业务类型的有（　　）。
    A. 资产类某项目增加，权益类某项目减少
    B. 资产类某项目减少，权益类某项目增加
    C. 资产类某项目减少，另一资产类项目增加
    D. 权益类某项目增加，另一权益类项目减少

三、判断题（判断正误，把你认为正确的在题后的括号内打“√”，错误的打“×”。）

1. 会计基本等式所体现的平衡关系，是设置账户、进行复式记账和编制各种财务报表的理论依据。（　　）

2. 会计对象各要素之间的平衡关系可用公式表示为：收入–费用=利润，通常被称为会计基本等式。

（　　）

3. 从数量上看，资产与权益始终保持平衡关系，任何经济业务的发生均不会改变资产和权益的金额。（　）

4. 从数量上看，所有者权益等于企业全部资产减去全部负债后的余额。（　）

5. 任何经济业务发生后，均会引起资产或者权益发生增减变化，但资产和权益在数量上始终保持平衡。（　）

6. 一项经济业务的发生引起一项负债的增加和一项所有者权益的减少，会计基本等式的平衡关系没有被破坏。（　）

7. “资产=负债+所有者权益”这一平衡公式是企业资金运动的动态表现。（　）

8. 经济业务的发生必然引起会计基本等式两边同增或者同减，否则，会计基本等式的这种等式关系就不成立。（　）

9. 企业用银行存款 30 万元购买机器设备，该项经济业务将引起会计基本等式左、右两边发生有增有减的变化。（　）

10. 我国颁布的《企业会计准则》明确规定，中国境内的所有企业进行会计核算必须采用借贷记账法记账。（　）

四、业务题

【资料】凯丰公司 201×年 1 月 1 日资产总额为 6 000 000 元，所有者权益总额为 5 000 000 元。假定该公司 1 月份发生下列经济业务：

（1）从银行取得短期借款 100 000 元，存入本公司银行账户；

（2）悦达公司以一项专利权对本公司进行投资，双方协商作价为 80 000 元；

（3）收回悦润公司偿还的前欠货款 90 000 元，存入银行；

（4）以银行存款 60 000 元，偿还前欠悦发公司的货款；

（5）购入原材料，货款为 40 000 元（不考虑增值税），原材料已验收入库，货款尚未支付；

（6）通过办理商业汇票结算（应付票据），抵付前欠货款 50 000 元。

【要求】根据以上资料回答下列问题：

（1）指出每项经济业务属于哪种经济业务类型；

（2）说明每项经济业务涉及的会计要素内容和增减金额；

（3）计算 1 月 31 日公司的资产总额、负债总额和所有者权益总额。

模块四　借贷记账法

知识要点

1. 借贷记账法的理论基础；
2. 借贷记账法的记账符号；
3. 借贷记账法下的账户结构；
4. 借贷记账法的记账规则；
5. 借贷记账法的会计分录；
6. 借贷记账法的试算平衡。

学习导航

1. 学习借贷记账法的理论基础，应明确借贷记账法的理论基础是会计基本等式，主要把握会计基本等式揭示的内容，包括：揭示了会计要素之间的数字平衡关系、揭示了各会计要素增减变化的相互联系、揭示了等式有关要素之间是对立统一的；会计基本等式作为借贷记账法的理论基础，决定了借贷记账法的账户结构、记账规则和试算平衡的基本理论。

2. 学习借贷记账法的记账符号，主要掌握记账符号所表达的内容：以“借”表示资产和成本、费用的增加，负债、所有者权益和收入、利润的减少；以“贷”表示负债、所有者权益和收入、利润的增加，资产和成本、费用的减少。注意，“借”、“贷”记账符号已失去原有的字面含义。

3. 学习借贷记账法下的账户结构，主要掌握资产类账户、权益类账户、成本费用类账户和收入类账户的账户结构，注意区分各类账户的发生额和余额的关系。

4. 学习借贷记账法的记账规则和会计分录，主要掌握借贷记账法的记账规则，明确会计分录的构成要素，能够根据发生的经济业务正确编制会计分录，并规范地书写会计分录，会进行简单的过账和结账。

5. 学习借贷记账法的试算平衡，主要掌握发生额试算平衡表和余额试算平衡表的编制，注意试算平衡的理论基础、编制公式、编制依据和编制目的；特别值得注意的是，有些错误对于借、贷双方的金额平衡并不产生影响，比如漏记或重记一项经济业务、借贷方向等额颠倒、对应账户同时多记或少记、账户名称错误等，通过试算平衡表是无法查找出来的。

同步练习

一、单项选择题（本大题在每小题列出的四个选项中，只有一项符合题目要求，请将符合题目要求的选项选出。）

1. 借贷记账法的理论依据是（　　）。

A. 会计基本等式　B. 会计核算方法　C. 账户的结构　D. 会计科目

2. 借贷记账法下，借方表示（　　）。

A. 资产和成本、费用的增加，负债、所有者权益和收入的增加
B. 资产和成本、费用的增加，负债、所有者权益和收入的减少
C. 资产和成本、费用的减少，负债、所有者权益和收入的增加
D. 资产和成本、费用的减少，负债、所有者权益和收入的减少

3. 根据借贷记账法的记账规则，有关账户之间存在应借应贷的相互关系，通常称为账户的（　　）。

A. 从属关系　B. 对立关系　C. 平行登记关系　D. 对应关系

4. 简单会计分录，是指（　　）。

A. 一借一贷的会计分录　B. 一借多贷的会计分录
C. 多借一贷的会计分录　D. 多借多贷的会计分录

5. 在借贷记账法下，资产类账户的期末余额等于（　　）。

A. 期初借方余额+本期借方发生额−本期贷方发生额
B. 期初贷方余额+本期贷方发生额−本期借方发生额
C. 期初借方余额+本期贷方发生额−本期借方发生额
D. 期初贷方余额+本期借方发生额−本期贷方发生额

6. 在借贷记账法下，收入类账户的结构是（ ）。
A. 借方记增加，贷方记减少，期末余额在借方
B. 贷方记增加，借方记减少，期末余额在贷方
C. 借方记增加，贷方记减少，期末一般无余额
D. 贷方记增加，借方记减少，期末一般无余额
7. 余额试算平衡表的理论基础是（ ）。
A. 借贷记账法的记账规则　　B. 会计基本等式
C. 收入–费用=利润　　D. 会计核算方法
8. 发生额试算平衡表的编制目的是（ ）。
A. 检查本期记账结果是否有误
B. 既检查登记过程，又检查记账结果是否有误
C. 检查本期经济业务登记过程是否有误
D. 体现会计要素的数字关系
9. “应付账款”账户期初贷方余额为 6 000 元，贷方本期发生额为 4 000 元，借方本期发生额为 2 400 元，则该账户期末余额为（ ）。
A. 贷方余额 7 600 元　　B. 贷方余额 10 000 元
C. 借方余额 4 400 元　　D. 借方余额 400 元
10. 下列能通过试算平衡发现错误的是（ ）。
A. 某些经济业务未入账
B. 只登记借方数，未登记贷方数
C. 应借应贷的账户中借贷方向记反
D. 借贷双方同时多记了相等的金额

二、多项选择题（本大题在每小题列出的四个选项中，有两项或两项以上符合题目要求，请将符合题目要求的选项选出。）

1. 会计基本等式揭示了（ ）。
A. 会计要素之间的数字平衡关系　　B. 各会计要素增减变化的相互联系
C. 等式有关要素之间是对立统一的　　D. 各会计要素之间没有必然联系
2. 在借贷记账法下，下列说法正确的有（ ）。
A. 以“借”表示资产的增加
B. 以“借”表示权益、收入的增加
C. 以“借”表示成本、费用的增加
D. 以“借”表示权益、收入的减少
3. 在借贷记账法下，下列说法正确的有（ ）。
A. 以“贷”表示资产的减少　　B. 以“贷”表示权益、收入的增加
C. 以“贷”表示成本、费用的减少　　D. 以“贷”表示权益、收入的减少
4. 在借贷记账法下，账户的借方反映（ ）。
A. 资产、成本费用的增加　　B. 负债、所有者权益的减少
C. 收入的减少　　D. 收入的增加
5. 会计分录的构成要素包括（ ）。
A. 账户名称　　B. 记账方向　　C. 会计科目编号　　D. 应记金额

6. 会计分录按其对应账户的多少，可以分为（　　）。
A. 简单会计分录　　B. 简化会计分录
C. 复合会计分录　　D. 复杂会计分录

7. 复合会计分录包括（　　）。
A. 一借一贷的会计分录　　B. 一借多贷的会计分录
C. 多借一贷的会计分录　　D. 多借多贷的会计分录

8. 通过公式“期末借方余额=期初借方余额+本期借方发生额–本期贷方发生额”来表示发生额和余额的关系，这类账户包括（　　）。
A. 资产类账户　　B. 权益类账户
C. 收入类账户　　D. 成本、费用类账户

9. 通过公式“期末贷方余额=期初贷方余额+本期贷方发生额–本期借方发生额”来表示发生额和余额的关系，这类账户包括（　　）。
A. 资产、成本、费用类账户　　B. 负债类账户
C. 收入类账户　　D. 所有者权益类账户

10. 通过试算平衡难以发现的差错有（　　）。
A. 漏记某项经济业务
B. 重记某项经济业务
C. 借贷双方中，一方多记金额，另一方少记金额
D. 借贷双方同时多记了相等的金额

三、判断题（判断正误，把你认为正确的在题后的括号内打“√”，错误的打“×”。）

1. 会计基本等式作为借贷记账法的理论基础，决定了借贷记账法的账户结构、记账规则和试算平衡的基本理论。（　　）
2. 借贷记账法下的记账规则是“有借必有贷，借贷必相等”。（　　）
3. 借贷记账法下，账户的借方登记增加额，贷方登记减少额。（　　）
4. 资产类账户的余额一般在借方，权益类账户的余额一般在贷方。（　　）
5. 账户的属性应根据账户余额的方向来判断。（　　）
6. 成本、费用类账户的结构与资产类账户的结构基本相同。（　　）
7. 为了简化会计核算，减轻会计工作，可以把不同类型的经济业务合并在一起，编制多借多贷的会计分录。（　　）
8. 编制会计分录是会计核算的专门方法之一。（　　）
9. 一个账户的借方如果用来登记减少额，其贷方一定用来登记增加额。（　　）
10. 通过编制试算平衡表，若借贷金额平衡，就可以肯定记账准确无误。（　　）

四、业务题

1.【资料】借贷记账法下，涉及的各类账户如表2-3所示。

表2-3　借贷记账法下账户的结构

各类账户	借　方	贷　方	余　额
如：资产类账户	增加额	减少额	借方
负债类账户			
所有者权益类账户			
收入类账户			
成本、费用类账户			

【要求】根据表 2-3 第一行所示，填写其余各行借方、贷方应反映的增减金额，并说明余额的方向。

2.【资料】凯乐公司 201×年 2 月份的部分账户的发生额及余额如表 2-4 所示。

表 2-4　账户发生额及余额表　　单位：元

账户名称	期初余额		本期发生额		期末余额	
	借方	贷方	借方	贷方	借方	贷方
应收账款			27 000	19 600	22 000	
原材料	180 000		360 000	400 000		
固定资产	500 000		260 000		710 000	
短期借款		88 000		110 000		96 000
其他应付款			28 000	32 000		15 000
实收资本		1 200 000	80 000			1 370 000
本年利润		60 000	0	80 000		

【要求】根据表 2-4 所示的相关内容，指出涉及的账户属于什么性质的账户，并计算填列每个账户所缺的有关金额。

3.【资料】凯乐公司 201×年 3 月月初“银行存款”账户余额为 160 000 元，“短期借款”账户余额为 96 000 元，3 月份发生的部分经济业务如下：

（1）3 日，收回其他企业的前欠货款 22 000 元，存入银行；

（2）5 日，用银行存款偿还到期的短期借款 56 000 元；

（3）10 日，从银行提取现金 3 000 元备用；

（4）12 日，以银行存款支付前欠材料款 46 800 元；

（5）17 日，另外 40 000 元的短期借款到期，用银行存款归还；

（6）22 日，向银行借入期限为 3 个月的借款 80 000 元，存入银行。

【要求】根据以上资料，开设“银行存款”和“短期借款”的 T 型账户（见图 2-2），并完成下列问题：

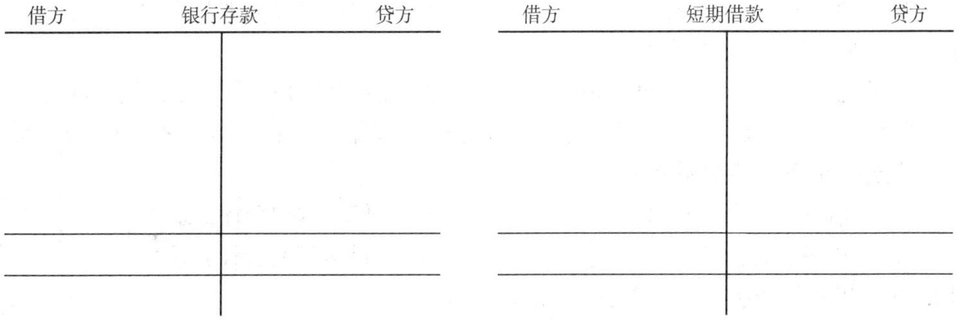

图 2-2　T 型账户结构图

（1）根据以上经济业务，练习编制会计分录；

（2）将涉及的有关银行存款和短期借款业务，过入 T 型账户中；

（3）结出“银行存款”账户的本期借方发生额、本期贷方发生额和期末余额；

（4）结出“短期借款”账户的本期借方发生额、本期贷方发生额和期末余额。

综合训练

一、单项选择题（本大题在每小题列出的四个选项中，只有一项符合题目要求，请将符合题目要求的选项选出。）

1. 会计科目是（　　）。

A. 会计要素的名称　　B. 财务报表的名称

C. 账户的名称　　D. 账簿的名称

2. 下列属于会计核算专门方法的是（　　）。

A. 规定会计科目　B. 编制会计分录　C. 复式记账　D. 试算平衡

3. 根据复式记账法的记账原理，对于发生的每一项经济业务，都以相等的金额，在（　　）。

A. 一个资产账户和一个权益账户中进行登记

B. 两个或两个以上相互联系的账户中进行登记

C. 一个总账账户及其所有的明细账户中进行登记

D. 同一个账户的借方和贷方进行登记

4. 借贷记账法的记账规则是（　　）。

A. 同增、同减，有增、有减　　B. 同收、同付，有收、有付

C. 有增必有减，增减必相等　　D. 有借必有贷，借贷必相等

5. 在借贷记账法下，账户的哪一方登记增加，哪一方登记减少，是由（　　）。

A. 账户的结构决定的　　B. 业务的性质决定的

C. 账户的性质决定的　　D. 记账规则决定的

6. 借贷记账法下的“贷”表示（　　）。

A. 资产、成本费用的减少，负债、所有者权益和收入的减少

B. 资产、成本费用的增加，负债、所有者权益和收入的增加

C. 资产、成本费用的减少，负债、所有者权益和收入的增加

D. 资产、成本费用的增加，负债、所有者权益和收入的减少

7. 对于每一个账户而言，期末余额（　　）。

A. 只能在借方　　B. 只能在贷方

C. 只能在账户的一方　　D. 可能同时在借方和贷方

8. 存在对应关系的账户称为（　　）。

A. 关联账户　B. 对应账户　C. 无关联账户　D. 对立账户

9. 为了全面、清晰地反映经济业务的来龙去脉，体现经济业务中各账户的对应关系，不得将不同的经济业务合并编制成（　　）。

A. 一借一贷的会计分录　　B. 一借多贷的会计分录

C. 一贷多借的会计分录　　D. 多借多贷的会计分录

10. 关于单式记账法，下列说法正确的是（　　）。

A. 对发生的经济业务，只在一个账户中进行登记

B. 对发生的经济业务，只在两个账户中进行登记

C. 对发生的经济业务，至少在两个账户中进行登记

D. 对发生的经济业务，在相关账户中进行登记

11. 在借贷记账法下，发生额试算平衡的理论基础是（　　）。
A. 账户的结构　B. 记账规则　C. 会计基本等式　D. 账户的性质

12. 发生的经济业务仅涉及两个负债类账户时，两个负债类账户将会（　　）。
A. 同时等额减少　B. 一增一减，增减金额相等
C. 同时等额增加　D. 有增或有减

13. 进行试算平衡时，如果平衡了，则账户记录过程和结果（　　）。
A. 绝对正确　B. 绝对不正确　C. 基本正确　D. 无法判断

14. 下列各类账户中，月末一般无余额的是（　　）。
A. 资产类账户　B. 负债类账户
C. 所有者权益类账户　D. 收入类账户

15. “应收账款”账户期初借方余额为 6 000 元，本期借方发生额为 9 000 元，本期贷方发生额为 11 000 元，该账户期末余额为（　　）。
A. 借方余额 4 000 元　B. 贷方余额 5 000 元
C. 借方余额 26 000 元　D. 贷方余额 2 000 元

二、多项选择题（本大题在每小题列出的四个选项中，有两项或两项以上符合题目要求，请将符合题目要求的选项选出。）

1. 下列说法正确的有（　　）。
A. 会计科目不仅表明本身的核算内容，也决定其自身的结构
B. 会计科目和账户所反映的经济内容是相同的
C. 会计科目是账户的名称
D. 账户是分类核算经济业务的工具

2. 关于总分类科目与明细分类科目的表述，正确的有（　　）。
A. 明细分类科目概括地反映会计对象的具体内容
B. 总分类科目详细地反映会计对象的具体内容
C. 总分类科目对明细分类科目具有控制作用
D. 明细分类科目是对总分类科目的补充和说明

3. 在借贷记账法下，下列对账户发生额和余额关系的表述，正确的有（　　）。
A. 资产类账户的期末余额=期初借方余额+本期借方发生额−本期贷方发生额
B. 资产类账户的期末余额=期初贷方余额+本期贷方发生额−本期借方发生额
C. 权益类账户的期末余额=期初借方余额+本期借方发生额−本期贷方发生额
D. 权益类账户的期末余额=期初贷方余额+本期贷方发生额−本期借方发生额

4. 账户的余额按照表示的时间不同，可包括（　　）。
A. 期初余额　B. 期中余额　C. 期末余额　D. 本期余额

5. 一项资产的增加，可能会引起（　　）。
A. 另一项资产的增加　B. 另一项资产的减少
C. 一项负债的增加　D. 一项所有者权益的增加

6. 下列对复式记账法的表述，正确的有（　　）。
A. 能如实反映资金运动的来龙去脉
B. 能使有关账户之间形成清晰的对应关系
C. 运用账户体系的平衡关系检查全部账户记录的正确性
D. 复式记账法的理论依据就是各会计要素之间客观存在的恒等关系

7. 下列账户中，期末结账后一般没有余额的是（　　）。

A. 管理费用　　B. 应交税费　　C. 主营业务成本　　D. 库存商品

8. 下列各项中，以“资产=负债+所有者权益”为理论依据的有（　　）。

A. 复式记账　　B. 成本计算

C. 账户余额试算平衡　　D. 编制资产负债表

9. 关于会计科目和账户的联系，下列说法正确的有（　　）。

A. 会计科目是设置账户的依据　　B. 会计科目是账户的名称

C. 账户是会计科目的具体运用　　D. 会计科目的分类，也就是账户的分类

10. 在借贷记账法下，作为试算平衡公式的有（　　）。

A. 全部账户的本期借方发生额合计=全部账户的本期贷方发生额合计

B. 全部资产类账户的本期借方发生额合计=全部权益类账户本期贷方发生额合计

C. 全部账户的期末借方余额合计=全部账户期末贷方余额合计

D. 全部收入类账户的本期发生额合计=全部费用类账户的本期发生额合计

三、判断题（判断正误，把你认为正确的在题后的括号内打“√”，错误的打“×”。）

1. 会计科目由国家财政部门统一制定，而账户是由企业根据会计科目和单位自身的需要来设置的，这体现了会计科目的设置权限和账户的使用权限问题。（　　）

2. “期末余额=期初余额+本期增加发生额–本期减少发生额”这一恒等关系，无论在什么样的记账方法下都是成立的。（　　）

3. 采用单式记账法编制简单会计分录，采用复式记账法编制复合会计分录。（　　）

4. 损益类账户在期末结转后，一般无余额。（　　）

5. 借贷记账法中的“借”和“贷”分别是债权和债务之意。（　　）

6. 借贷记账法的记账规则是“有借必有贷，借贷必相等”。（　　）

7. 一借多贷、多借一贷的会计分录不能反映账户的对应关系。（　　）

8. 发生额试算平衡是根据“资产=负债+所有者权益”这一会计等式作为理论依据来编制并检查的。（　　）

9. 账户的本期发生额反映的是动态资料，而期末余额反映的是静态资料。（　　）

10. 根据账户记录编制试算平衡表以后，如果所有账户的借方发生额同所有账户的贷方发生额相等，则说明账户记录一定是正确的。（　　）

四、业务题

【资料】凯乐公司201×年4月份的部分会计分录如表2-5所示。

表2-5　凯乐公司201×年4月份的部分会计分录表

序　号	会计分录	经济业务内容	经济业务类型
1	借：短期借款　10 000 　贷：银行存款　10 000	以银行存款10 000元偿还到期的短期借款	资产和权益同减（资金退出企业）
2	借：银行存款　80 000 　贷：实收资本——甲单位　80 000		
3	借：应付账款——乙公司　5 000 　贷：银行存款　5 000		

续表

序　号	会 计 分 录	经济业务内容	经济业务类型
4	借：银行存款　24 500 　库存现金　500 贷：应收账款——丙公司　25 000		
5	借：固定资产——设备　40 000 贷：银行存款　40 000		
6	借：其他应收款——张三　700 贷：库存现金　700		
7	借：原材料　30 000 贷：银行存款　30 000		
8	借：应付账款　60 000 贷：应付票据　60 000		
9	借：生产成本——A 产品　20 000 贷：原材料　20 000		
10	借：固定资产——厂房　200 000 贷：实收资本——丁单位　200 000		

【要求】如表 2-5 第一行所示，叙述每个会计分录的经济业务内容，并说明经济业务类型。

五、综合运用题

【资料】凯乐公司 201×年 5 月份发生如下经济业务（不考虑账户的余额，以下经济业务不考虑增值税）：

（1）5 月 4 日，悦达公司为本公司追加投资 500 000 元作为该公司的注册资本，该款项已存入开户银行，并到当地工商部门办理了注资登记；

（2）5 月 7 日，购置不需要安装的设备一台，价款 200 000 元，价款由银行存款支付；

（3）5 月 10 日，购入原材料一批，价款 180 000 元，货款用银行存款支付，原材料已验收入库；

（4）5 月 13 日，从银行提取现金 30 000 元，备发工资；

（5）5 月 13 日，用现金支付职工工资 30 000 元；

（6）5 月 16 日，购入原材料 120 000 元，已验收入库，货款未付；

（7）5 月 18 日，生产车间为生产产品领用原料 240 000 元；

（8）5 月 25 日，从银行借入期限为 2 年的借款 300000 元，存入本公司开户银行；

（9）5 月 27 日，用银行存款支付本月水电费 55 000 元，其中生产产品用 40 000 元，车间照明用 8 000 元，行政管理部门用 7 000 元；

（10）5 月 31 日，用银行存款支付某电视台的广告发布费 50 000 元。

【要求】

（1）根据凯乐公司 5 月份发生的经济业务，编制会计分录，如表 2-6 所示；

（2）根据编制的会计分录，登记账户（开设 T 型账户，如图 2-3 所示），并结出各账户的本期发生额；

（3）根据各账户的本期发生额，编制发生额试算平衡表，如表 2-7 所示。

表 2-6　凯乐公司 5 月份会计分录表

序　　号	摘　　要	会 计 分 录	备　　注
1			
2			
3			
4			
5			
6			
7			
8			
9			
10			

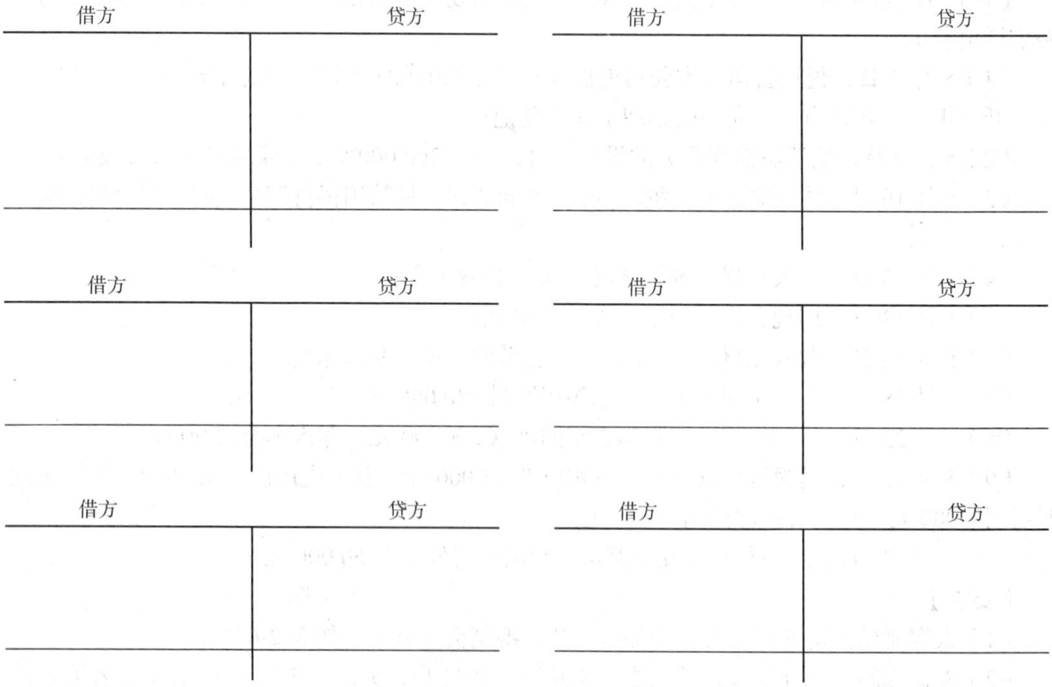

图 2-3　T 型账户结构图

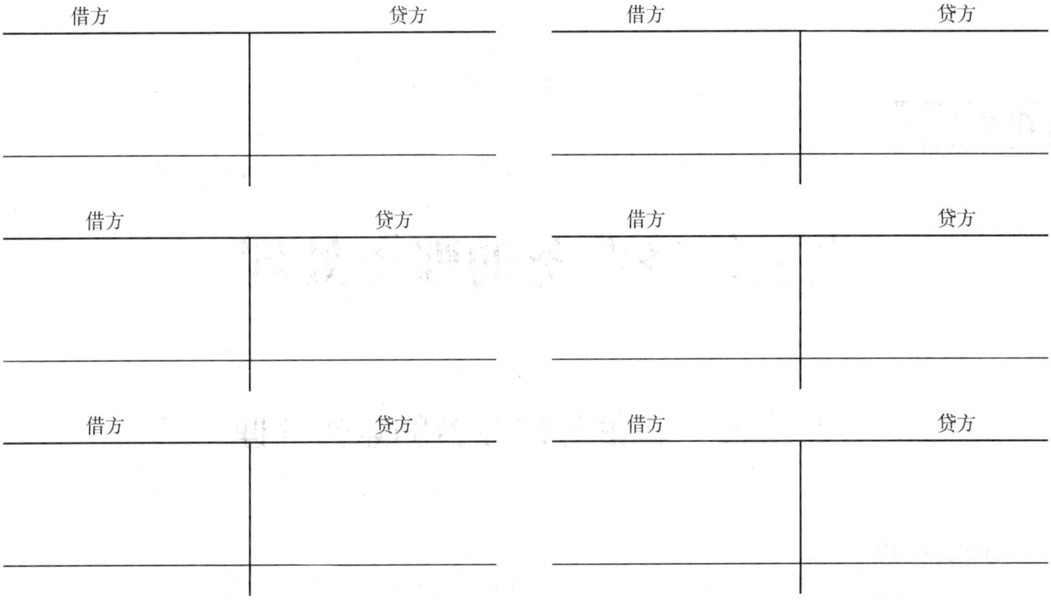

图 2-3　T 型账户结构图（续）

表 2-7　发生额试算平衡表

单位：元

账 户 名 称	借方发生额	贷方发生额
合　计		

项目三

主要经济业务的账务处理

模块一　资金筹集业务的账务处理

知识要点

1. 资金筹集方式；
2. 资金筹集业务所设置的主要账户；
3. 资金筹集业务的账务处理。

学习导航

1. 学习资金筹集业务所设置的主要账户，须掌握“银行存款”、“实收资本”、“短期借款”、“长期借款”账户。

2. 学习资金筹集业务，主要掌握借入银行资金和收到各种投资的业务。

同步练习

一、单项选择题（本大题在每小题列出的四个选项中，只有一项符合题目要求，请将符合题目要求的选项选出。）

1. 投资者投入的资本金通常称为（　　）。

A. 资本公积　　B. 实收资本　　C. 短期借款　　D. 盈余公积

2. 用来核算企业向银行或其他金融机构等借入的期限在一年以内（含一年）的各种借款的增减变动情况的账户是（　　）。

A. 银行存款　　B. 其他货币资金　　C. 短期借款　　D. 长期借款

3. 收到投资者投入的资本，应记入（　　）。

A. “资本公积”账户的借方　　B. “实收资本”账户的借方

C. “资本公积”账户的贷方　　D. “实收资本”账户的贷方

二、多项选择题（本大题在每小题列出的四个选项中，有两项或两项以上符合题目要求，请将符合题目要求的选项选出。）

1. “长期借款”账户中的借方登记（　　）。

A. 到期归还的本金　　B. 到期归还的利息

C. 借入的各种长期借款的本金　　D. 借入的长期借款应付的利息

2. 企业筹集资金的来源主要有（　　）。
A. 投资者的投资及其增值　　B. 企业销售取得的资金
C. 向债权人借入的资金　　D. 企业出租厂房取得的资金
3. “长期借款”账户可以设置的明细账有（　　）。
A. 本金　　B. 利息调整　　C. 短期薪酬　　D. 应付利息

三、判断题（判断正误，把你认为正确的在题后的括号内打“√”，错误的打“×”。）

1. “实收资本”账户平时一般没有借方发生额。（　　）
2. 企业的资金筹集按其资金来源通常分为所有者权益筹资和负债筹资。（　　）
3. 长期借款借方只登记到期归还的长期借款本金。（　　）

四、业务题

【资料】悦微公司201×年6月份发生下列经济业务：
1. 3日，收到宏大公司投入的货币资金200 000元，存入银行。
2. 16日，向建设银行申请，取得为期2年的贷款800 000元，存入银行。
3. 20日，向建设银行申请，取得为期6个月的贷款50 000元，存入银行。
【要求】根据以上经济业务编制会计分录，如表3-1所示。

表3-1　悦微公司201×年6月份会计分录表

序　号	摘　要	会计分录
1		
2		
3		

模块二　固定资产业务的账务处理

知识要点

1. 固定资产概述；
2. 固定资产折旧；
3. 固定资产业务所设置的账户；
4. 固定资产业务账务处理。

学习导航

1. 学习固定资产业务所设置的主要账户，须掌握“固定资产”、“应交税费”、“累计折旧”、“制造费用”等账户。
2. 学习固定资产折旧方法，主要掌握年限平均法和工作量法。

3. 学习固定资产业务，主要掌握固定资产增加和固定资产折旧业务。

同步练习

一、单项选择题（本大题在每小题列出的四个选项中，只有一项符合题目要求，请将符合题目要求的选项选出。）

1. 将固定资产的应计折旧额均匀地分摊到固定资产预计使用寿命内的方法是（　　）。

A. 年限平均法　　B. 工作量法

C. 双倍余额递减法　　D. 年数总和法

2. “累计折旧”账户的借方登记（　　）。

A. 累计折旧的增加额　　B. 固定资产的减少额

C. 期末固定资产的累计折旧额　　D. 因减少固定资产而转出的累计折旧额

3. 企业购买机器设备向供应单位支付的进项税额应计入（　　）。

A. “应交税费——应交增值税”账户的借方

B. “应交税费——应交增值税”账户的贷方

C. “应交税费——应交所得税”账户的借方

D. “应交税费——应交所得税”账户的贷方

二、多项选择题（本大题在每小题列出的四个选项中，有两项或两项以上符合题目要求，请将符合题目要求的选项选出。）

1. 下列关于制造费用的描述，正确的有（　　）。

A. “制造费用”账户是损益类账户

B. “制造费用”账户借方登记发生的各项间接费用

C. “制造费用”账户期末一般无余额

D. “制造费用”账户贷方登记分配转入“生产成本”账户的制造费用

2. 下列费用属于管理费用的有（　　）。

A. 行政部门的办公费

B. 公司管理人员的差旅费

C. 业务招待费

D. 财产保险费

3. 固定资产的特征包括（　　）。

A. 属于一种有形资产

B. 为生产产品、提供劳务、出租或者经营管理而持有

C. 使用寿命超过一个会计年度

D. 价值较低，使用期限较短

4. 企业计提固定资产折旧应当遵循的原则有（　　）。

A. 当月增加的固定资产，当月不提折旧

B. 当月增加的固定资产，当月应提折旧

C. 当月减少的固定资产，当月不提折旧

D. 当月减少的固定资产，当月照提折旧

三、判断题（判断正误，把你认为正确的在题后的括号内打“√”，错误的打“×”。）

1. “累计折旧”账户是资产类账户，用来核算固定资产计提的累计折旧。（　　）

2. “制造费用”账户是损益类账户，用来归集和分配各项间接费用。（　　）

3. 已提足折旧仍继续使用的固定资产仍计提折旧。 （ ）

4. 预计净残值率是指固定资产预计净残值额占其原价的比率。 （ ）

四、业务题

【资料】悦微公司201×年6月份发生下列经济业务：

1. 3日，收到宏大公司投入的一台设备，增值税专用发票上注明的价款200 000元，增值税税额34 000元；

2. 15日，购入办公用计算机10台，取得的增值税专用发票上注明价款60 000元，增值税税额10 200元，用银行存款支付全部款项；

3. 车间设备按年限平均法计提折旧，原值24 000元，预计使用10年，预计净残率2%，30日，计提车间设备折旧；

4. 管理部门轿车采用工作量法计提折旧，原值50 000元，预计总行驶里程数为100 000千米，净残值率4%，本月共行驶200千米，30日，计提管理部门轿车折旧。

【要求】根据以上经济业务编制会计分录，如表3-2所示。

表3-2 悦微公司201×年6月份会计分录表

序号	摘要	会计分录
1		
2		
3		
4		

模块三 材料采购业务的账务处理

知识要点

1. 材料的采购成本；
2. 材料采购业务所设置的主要账户；
3. 材料采购的核算；
4. 材料采购成本的核算。

学习导航

1. 学习材料采购业务的账务处理所设置的主要账户，须掌握“在途物资”、“原材料”、“应付账款”、“应交税费”、“管理费用”和“其他应收款”账户。重点区分“在途物资”账户和“原材料”账户的应用。

2. 学习材料采购业务的核算，重点掌握材料采购成本的核算，难点是一次采购两种以上材料的核算。

同步练习

一、单项选择题（本大题在每小题列出的四个选项中，只有一项符合题目要求，请将符合题目要求的选项选出。）

1. 用来核算已经支付的款项，尚未运到企业或虽已运到企业，但尚未验收入库的在途材料实际采购成本的账户是（　　）。

A. “原材料”账户　　B. “在途物资”账户

C. “库存商品”账户　　D. “包装物”账户

2. 用来核算库存的各种材料的收入、发出和结存情况的账户是（　　）。

A. “原材料”账户　　B. “在途物资”账户

C. “库存商品”账户　　D. “固定资产”账户

3. 用来核算企业因购买材料、商品和接受劳务等经营活动应支付款项的账户是（　　）。

A. “应收账款”账户　　B. “应付账款”账户

C. “预付账款”账户　　D. “预收账款”账户

4. “应付账款”账户贷方登记（　　）。

A. 企业应支付而未支付的货款　　B. 企业实际偿还的货款

C. 企业预付的货款　　D. 企业预收的货款

5. 企业购买的原材料尚未入库应计入（　　）。

A. “在途物资”账户的借方　　B. “在途物资”账户的贷方

C. “原材料”账户的借方　　D. “原材料”账户的贷方

6. 企业购买材料向供应单位支付的进项税额应计入（　　）。

A. “应交税费——应交增值税”账户的借方

B. “应交税费——应交增值税”账户的贷方

C. “应交税费——应交所得税”账户的借方

D. “应交税费——应交所得税”账户的贷方

7. 核算采购员出差预借差旅费的账户是（　　）。

A. “管理费用”账户　　B. “其他应收款”账户

C. “应付账款”账户　　D. “应收账款”账户

8. 企业发出原材料应记入（　　）。

A. “在途物资”账户的借方　　B. “在途物资”账户的贷方

C. “原材料”账户的借方　　D. “原材料”账户的贷方

二、多项选择题（本大题在每小题列出的四个选项中，有两项或两项以上符合题目要求，请将符合题目要求的选项选出。）

1. 材料采购核算一般需设置的主要账户有（　　）。

A. “固定资产”账户　　B. “原材料”账户

C. “在途物资”账户　　D. “应交税费”账户

2. “在途物资”账户借方登记（　　）。

A. 购入材料的买价　　B. 购入材料的采购费用

C. 验收入库材料的实际成本　　D. 验收入库材料的计划成本

3. 下列属于材料采购成本内容的有（　　）。

A. 买价　　B. 运杂费

C. 运输途中的合理损耗　　D. 入库前的挑选整理费用

4. 下列有关材料物资采购成本的计算公式，正确的是（　　）。

A. 材料物资采购成本=该种材料物资的买价+应负担的采购费用

B. 材料物资单位成本=材料物资采购成本÷材料物资入库数量

C. 材料物资采购成本=该种材料物资的买价÷应负担的采购费用

D. 材料物资单位成本=材料物资采购成本+材料物资入库数量

三、判断题（判断正误，把你认为正确的在题后的括号内打“√”，错误的打“×”。）

1. 材料采购过程核算的主要内容是归集材料采购费用、计算材料采购成本、结转入库材料成本等。（　　）

2. “在途物资”账户的期末余额表示库存材料的期末成本。（　　）

3. “应付账款”账户用来核算企业因购买材料、商品和接受劳务等经营活动应支付的款项。（　　）

4. 企业向银行借款应付的利息在“管理费用”账户中核算。（　　）

5. 出差人员预借差旅费应登记在“其他应收款”账户的贷方。（　　）

四、业务题

【资料】悦微公司为增值税一般纳税人，201×年6月份发生下列经济业务：

1. 10日，采购员王成出差预借差旅费5 000元，以现金支付。

2. 12日，从宏达公司购入A材料一批，增值税专用发票上注明价款10 000元，增值税进项税额1 700元，材料验收入库，款项尚未支付。

3. 15日，从悦达公司购入A、B两种材料，增值税专用发票上注明A材料价款20 000元，增值税进项税额3 400元，B材料价款30 000元，增值税进项税额5 100元，材料尚未运到，款项已用银行存款支付。

4. 17日，从悦达公司购入的A、B两种材料验收入库，用银行存款支付上述A、B两种材料的运费，增值税专用发票上注明的运费金额为5 000元，增值税额为850元。（运杂费按买价分配）

5. 20日，采购员王成出差回来，报销差旅费4 500元，多余部分以现金退回。

【要求】根据以上经济业务编制会计分录，如表3-3所示。

表3-3　悦微公司201×年6月份会计分录表

序　号	摘　要	会计分录
1		
2		
3		
4		
5		

模块四　生产业务的账务处理

知识要点

1. 生产费用的构成；
2. 生产业务所设置的主要账户；
3. 归集分配生产过程中的各项费用；
4. 分配结转制造费用；
5. 结转产品生产成本。

学习导航

1. 学习生产业务核算所设置的主要账户，须掌握“生产成本”、“制造费用”、“库存商品”、“应付职工薪酬”、“财务费用”和“销售费用”账户。重点理解“应付职工薪酬”账户。

2. 学习生产业务账务处理，主要掌握归集分配各项费用、分配结转制造费用和结转产品生产成本三项内容的核算，其中，结转产品生产成本是本模块的难点。

同步练习

一、单项选择题（本大题在每小题列出的四个选项中，只有一项符合题目要求，请将符合题目要求的选项选出。）

1. 企业生产产品领用原材料应记入（　　）。

A. “生产成本”账户的借方　　B. “制造费用”账户的借方

C. “生产成本”账户的贷方　　D. “制造费用”账户的贷方

2. 验收入库的库存商品的成本应登记在（　　）。

A. “原材料”账户的借方　　B. “库存商品”账户的借方

C. “原材料”账户的贷方　　D. “库存商品”账户的贷方

3. 用来核算企业为筹集生产经营所需资金而发生的费用的账户是（　　）。

A. “管理费用”账户　　B. “制造费用”账户

C. “销售费用”账户　　D. “财务费用”账户

4. “累计折旧”账户借方登记（　　）。

A. 按期计提的折旧额　　B. 现有固定资产的累计折旧额

C. 固定资产增加的原始价值　　D. 固定资产减少时冲销的折旧额

5. 结转制造费用的账务处理为（　　）。

A. 借记“制造费用”账户，贷记“生产成本”账户

B. 借记“生产成本”账户，贷记“制造费用”账户

C. 借记“库存商品”账户，贷记“制造费用”账户

D. 借记“制造费用”账户，贷记“库存商品”账户

6. 直接材料费用和直接人工费用在发生时直接计入（　　）。

A. “原材料”账户　　B. “库存商品”账户

C. “生产成本”账户　　D. “制造费用”账户

二、多项选择题（本大题在每小题列出的四个选项中，有两项或两项以上符合题目要求，请将符合题目要求的选项选出。）

1. 生产过程核算的主要内容有（　　）。
A. 生产费用的归集和分配　　B. 产品成本的计算
C. 完工产品成本的结转　　D. 销售产品成本的结转

2. 下列属于制造费用的有（　　）。
A. 车间管理人员的工资　　B. 厂部管理人员的工资
C. 车间办公费　　D. 产品广告费

3. 下列属于"应付职工薪酬"账户明细账的有（　　）。
A. 短期薪酬　　B. 离职后福利
C. 辞退福利　　D. 工会经费

4. 产品的生产费用一般包括（　　）。
A. 直接材料费用　　B. 直接人工费用
C. 制造费用　　D. 期间费用

5. 下列关于产品成本的计算公式，正确的有（　　）。
A. 完工产品成本=期初在产品成本+期末在产品成本–本期生产成本
B. 完工产品成本=期初在产品成本+本期生产成本–期末在产品成本
C. 完工产品单位成本=完工产品总成本÷完工入库产品数量
D. 完工产品单位成本=（完工产品总成本+在产品总成本）÷完工入库产品数量

三、判断题（判断正误，把你认为正确的在题后的括号内打"√"，错误的打"×"。）

1. 企业的生产过程既是产品的制造过程，也是产品成本的形成过程。（　　）
2. 制造费用是指企业为生产产品和提供劳务而发生的各项期间费用。（　　）
3. "应付职工薪酬"账户借方登记企业应付给职工的各种薪酬，贷方登记实际发放的各种薪酬。（　　）
4. "生产成本"账户可按基本生产成本和辅助生产成本进行明细分类核算。（　　）
5. "销售费用"账户结转后一般期末无余额。（　　）
6. 制造费用属于间接费用，月末计入当期损益。（　　）

四、业务题

【资料】悦微公司生产甲、乙两种产品，乙产品期初在产品 100 件（在产品成本按定额成本计算，直接材料 100 元，直接人工 60 元，制造费用 40 元）。201×年 6 月份发生下列经济业务：

1. 6 日，生产甲产品领用 A 材料 20 000 元，B 材料 10 000 元。
2. 9 日，用现金购买办公用品，其中，生产车间用 300 元，管理部门用 500 元。
3. 15 日，生产乙产品领用 A 材料 10 000 元、B 材料 30 000 元。
4. 20 日，用银行存款支付上月水电费，增值税专用发票上注明金额 10 000 元，增值税税额 1700 元，上月水电费在月末时已分配计提。
5. 22 日，支付当月的短期借款利息 1 500 元，款项已划转。
6. 30 日，计提本月固定资产折旧，生产车间 3 000 元，行政管理部门 2 000 元。
7. 30 日，计算并结转本月应付给职工的工资 43 000 元，其中，生产甲产品的生产工人工资 15 000 元，生产乙产品的生产工人工资 5 000 元，车间管理人员工资 10 000 元，专设销售机构人员工资 5 000 元，行政管理人员工资 8 000 元。
8. 30 日，结转本月制造费用（按生产工人工资进行分配）。

9. 30日，甲产品全部完工入库，乙产品月末在产品200件（在产品成本按定额成本计算，直接材料100元、直接人工60元、制造费用40元），结转完工产品成本。

【要求】根据以上经济业务编制会计分录，如表3-4所示。

表3-4　悦微公司201×年6月份会计分录表

序　号	摘　要	会计分录
1		
2		
3		
4		
5		
6		
7		
8		
9		

模块五　销售业务的账务处理

知识要点

1. 商品销售收入的确认与计量；
2. 销售业务所设置的主要账户；
3. 销售业务的账务处理。

学习导航

1. 学习销售业务所设置的主要账户，须掌握“主营业务收入”、“其他业务收入”、“主营业务成本”、“其他业务成本”、“税金及附加”和“应收账款”账户，重点理解“税金及附加”账户的性质和应用。

2. 学习销售业务的账务处理，主要掌握确认实现的收入、支付各项销售费用、结转销售成本和应向国家缴纳的税金及教育费附加四项内容的核算，难点是计算应向国家缴纳的税金及教育费附加。

同步练习

一、单项选择题（本大题在每小题列出的四个选项中，只有一项符合题目要求，请将符合题目要求的选项选出。）

1. 销售过程反映在资金形态上是（　　）。
A. “货币资金→生产资金”的转化过程　　B. “生产资金→成品资金”的转化过程
C. “成品资金→货币资金”的转化过程　　D. “储备资金→生产资金”的转化过程

2. 销售材料取得的收入记入（　　）。
A. “主营业务收入”账户　　B. “其他业务收入”账户
C. “营业外收入”账户　　D. “投资收益”账户

3. “税金及附加”账户是（　　）。
A. 资产类账户　　B. 成本类账户
C. 所有者权益类账户　　D. 损益类账户

4. 对外赊销应向购货单位收取而未收到的货款应计入（　　）。
A. “应收账款”账户　　B. “预付账款”账户
C. “应付账款”账户　　D. “预收账款”账户

二、多项选择题（本大题在每小题列出的四个选项中，有两项或两项以上符合题目要求，请将符合题目要求的选项选出。）

1. 销售过程核算的主要内容有（　　）。
A. 确认实现的收入　　B. 支付各项销售费用
C. 结转销售成本　　D. 计算产品生产成本

2. 下列各项一般应记入“税金及附加”账户的有（　　）。
A. 消费税　　B. 印花税
C. 城市维护建设税　　D. 教育费附加

3. 下列应在“主营业务收入”账户中核算的有（　　）。
A. 销售商品取得的收入　　B. 出租厂房取得的收入
C. 提供劳务取得的收入　　D. 投资者投入取得的收入
4. “其他业务收入”账户核算的主要内容包括（　　）。
A. 销售材料取得的增值税　　B. 出租固定资产实现的收入
C. 销售产品取得的收入　　D. 销售材料取得的收入

三、判断题（判断正误，把你认为正确的在题后的括号内打“√”，错误的打“×”。）

1. “主营业务成本”账户属于成本类账户。（　　）
2. “主营业务收入”账户的借方登记期末转入“本年利润”账户的收入。（　　）
3. “其他业务收入”账户属于损益类账户。（　　）
4. “应收账款”账户期末余额一般在贷方，表示尚未收回的款项。（　　）
5. “税金及附加”账户用来核算企业日常经营活动中应负担的，除消费税、关税以外的流转税金及教育费附加情况。（　　）

四、业务题

【资料】悦微公司201×年6月份发生下列经济业务：

1. 6日，销售给庆华公司A产品1 000件，单价为50元，增值税销项税额为8 500元，款项收到，并存入银行。

2. 10日，销售不需用甲材料一批，价款为4 000元，增值税销项税额为680元，价款收到，存入银行。

3. 15日，销售给蓝天公司A产品2 000件，单价为50元，B产品1 000件，单价为40元，增值税税率17%，款项尚未收到。

4. 16日，开出转账支票支付产品宣传广告费，增值税专用发票上注明的金额为10 000元，增值税税额为1 700元。

5. 18日，收到蓝天公司前欠的货款163 800元，存入银行。

6. 20日，用银行存款支付销售产品应负担的运费，增值税专用发票上注明的运费金额为4 000元，增值税税额为680元。

7. 30日，结转本月已售A、B产品成本（A产品单位成本30元，B产品单位成本20元）。

8. 30日，结转已售甲材料成本2 000元。

9. 30日，结转本月应缴纳的城市维护建设税和教育费附加（本月应交增值税为42 000元）。

【要求】根据以上经济业务编制会计分录，如表3-5所示。

表3-5　悦微公司201×年6月份会计分录表

序　号	摘　要	会计分录
1		
2		
3		

续表

序　号	摘　要	会计分录
4		
5		
6		
7		
8		
9		

模块六　利润形成与分配业务的账务处理

知识要点

1. 利润形成的相关公式；
2. 利润分配顺序；
3. 利润形成与分配业务所设置的主要账户；
4. 利润形成与分配业务的账务处理。

学习导航

1. 学习利润形成与分配业务所设置的主要账户，须掌握“营业外收入”、“营业外支出”、“投资收益”、“本年利润”、“所得税费用”、“利润分配”和“盈余公积”账户。重点理解“本年利润”账户的性质和运用。

2. 学习利润形成与分配的账务处理，主要理解利润核算的程序，重点掌握利润计算的公式和利润核算的业务处理。

同步练习

一、单项选择题（本大题在每小题列出的四个选项中，只有一项符合题目要求，请将符合题目要求的选项选出。）

1. 下列项目属于投资收益的是（　　）。
   A. 存款利息收入　B. 租金收入
   C. 公司债券利息收入　D. 固定资产清理收入
2. 与企业日常经营活动无直接联系的支出是（　　）。
   A. 营业外支出　B. 财务费用
   C. 管理费用　D. 销售费用
3. 年末结账后，“利润分配”账户贷方余额表示（　　）。
   A. 利润实现额　B. 利润分配额
   C. 未弥补亏损额　D. 未分配利润额
4. 下列账户属于损益类账户的是（　　）。
   A. “本年利润”账户　B. “利润分配”账户
   C. “盈余公积”账户　D. “所得税费用”账户

二、多项选择题（本大题在每小题列出的四个选项中，有两项或两项以上符合题目要求，请将符合题目要求的选项选出。）

1. 下列项目属于“营业外收入”账户核算内容的有（　　）。
   A. 产品销售取得的收入　B. 出售固定资产净收益
   C. 固定资产盘盈　D. 罚款收入
2. 下列项目属于“营业外支出”账户核算内容的有（　　）。
   A. 固定资产盘亏　B. 公益救济性捐款
   C. 支付的赔偿金　D. 固定资产折旧费
3. 下列表述正确的有（　　）。
   A. “本年利润”账户属于所有者权益类账户
   B. “本年利润”账户年终结转后无余额
   C. “利润分配”账户年终结转后无余额
   D. “利润分配”账户年终结转后可能有借方余额，也可能有贷方余额
4. “投资收益”账户用以核算（　　）。
   A. 企业对外投资取得的收入
   B. 企业发生的与生产经营无直接关系的各项收入
   C. 企业对外投资发生的损失
   D. 企业发生的与生产经营无直接关系的各项支出

三、判断题（判断正误，把你认为正确的在题后的括号内打“√”，错误的打“×”。）

1. “营业外收入”账户是所有者权益类账户。（　　）
2. “投资收益”账户借方登记取得的投资收益，贷方登记发生的投资损失。（　　）
3. “本年利润”账户是损益类账户，用来核算企业在一定时期内实现的财务成果。（　　）
4. “本年利润”账户的期末余额一定在贷方。（　　）
5. “所得税费用”账户是负债类账户，用来核算企业应向国家上缴的所得税。（　　）
6. 盈余公积一般从企业的利润总额中提取。（　　）

四、业务题

【资料】悦微公司 201×年 6 月份发生下列经济业务：

1. 8 日，公司用银行存款支付违约罚款 20 000 元给 A 公司。

2. 15 日，公司收到投资单位分来的利润 30 000 元，存入银行。

3. 30 日，结转本月的收入和费用：主营业务收入 100 000 元，其他业务收入 20 000 元，投资收益 30 000 元（贷方），主营业务成本 60 000 元，其他业务成本 8 000 元，营业外支出 20 000 元，税金及附加 25 000 元，销售费用 5 000 元，管理费用 3 000 元，财务费用 2 000 元。

4. 30 日，计算并结转本月应交所得税，所得税税率为 25%。

【要求】根据以上经济业务编制会计分录如表 3-6 所示。

表 3-6　悦微公司 201×年 6 月份会计分录表

序　号	摘　要	会 计 分 录
1		
2		
3		
4		

模块七　资金退出业务的账务处理

知识要点

1. 资金退出业务所设置的主要账户；

2. 资金退出业务的账务处理。

学习导航

学习资金退出业务的账务处理，理解资金退出的含义和所涉及的主要账户，重点掌握常见的资金退出业务，如偿还债务、缴纳税费和支付股利等经济业务的核算。

同步练习

一、单项选择题（本大题在每小题列出的四个选项中，只有一项符合题目要求，请将符合题目要求的选项选出。）

1. 企业向银行支付已计提的短期借款利息应记入（　　）。

A. “短期借款”账户的借方　　B. “短期借款”账户的贷方

C. “应付利息”账户的借方　　D. “应付利息”账户的贷方

2. 向投资者支付股利使企业的（　　）。

A. 应付股利减少　　B. 应付股利增加

C. 投资收入减少　　D. 投资收入增加

二、多项选择题（本大题在每小题列出的四个选项中，有两项或两项以上符合题目要求，请将符合题目要求的选项选出。）

1. 下列属于资金退出业务的是（　　）。

A. 支付股利　　B. 筹资借款

C. 缴纳税费　　D. 归还借款

2. 资金退出可能涉及的账户有（　　）。

A. 短期借款　　B. 长期借款

C. 应交税费　　D. 应付股利

三、判断题（判断正误，把你认为正确的在题后的括号内打“√”，错误的打“×”。）

1. 资金退出是资金运动的终点。（　　）

2. 企业缴纳的税费不包括教育费附加和个人所得税。（　　）

四、业务题

【资料】悦微公司201×年6月份发生下列经济业务：

1. 用银行存款缴纳本月增值税30 000元，预缴本月所得税45 220元。

2. 偿还到期的短期借款48 000元（期限5个月，年借款利率5%，到期一次还本付息，已计提利息800元）。

3. 开出转账支票支付前欠大成公司的货款23 400元。

【要求】根据以上经济业务编制会计分录，如表3-7所示。

表3-7　悦微公司201×年6月份会计分录表

序　号	摘　要	会计分录
1		
2		
3		

综合训练

一、单项选择题（本大题在每小题列出的四个选项中，只有一项符合题目要求，请将符合题目要求的选项选出。）

1. 采购员报销差旅费应在（　　）。

A. “其他应收款”账户借方核算　B. “制造费用”账户贷方核算
C. “管理费用”账户借方核算　D. “管理费用”账户贷方核算

2. 企业购入的甲材料买价为 10 000 元，运费为 1 000 元，入库前的挑选整理费用为 500 元，则甲材料的采购成本是（　　）。

A. 10 000 元　B. 11 000 元
C. 11 500 元　D. 12 000 元

3. 企业购入甲材料 1 000 千克，单价为 30 元；购入乙材料 4 000 千克，单价为 20 元，共支付运费 2 000 元（按材料的重量分配），则甲、乙两种材料应负担的运费分别是（　　）。

A. 甲材料 1 000 元，乙材料 1 000 元　B. 甲材料 400 元，乙材料 1 600 元
C. 甲材料 1 600 元，乙材料 400 元　D. 甲材料 1 200 元，乙材料 800 元

4. “本年利润”账户平时的贷方余额表示（　　）。

A. 自年初起累计实现的利润　B. 自年初起累计发生的亏损
C. 历年累计实现的利润　D. 历年累计发生的亏损

5. 企业生产经营过程中的期间费用不包括（　　）。

A. 管理费用　B. 制造费用　C. 销售费用　D. 财务费用

6. “生产成本”账户的期末借方余额表示（　　）。

A. 生产成本的增加数　B. 生产费用总和
C. 未完工的在产品的成本　D. 完工产品的实际成本

7. 某企业只生产和销售甲产品，201×年 4 月 1 日期初在产品成本为 35 000 元。4 月份发生如下费用：生产产品领用原材料 60 000 元，生产工人工资 20 000 元，制造费用 10 000 元，行政管理部门领用原材料 15 000 元，专设销售机构固定资产折旧费 8 000 元。月末在产品成本为 30 000 元，则该企业 4 月份完工甲产品的生产成本为（　　）。

A. 90 000 元　B. 95 000 元　C. 83 000 元　D. 118 000 元

8. 下列项目中属于投资收益的是（　　）。

A. 存款利息收入　B. 租金收入
C. 公司债券利息收入　D. 固定资产清理收入

9. 年末结转后，“利润分配”账户的借方余额表示（　　）。

A. 累计进行利润分配的总额　B. 累计实现的利润总额
C. 未弥补的亏损　D. 未分配的利润

10. 下列不属于利润形成和分配环节的是（　　）。

A. 本年利润的计算　B. 所得税费用的计算
C. 利润分配（或亏损弥补）　D. 生产成本的计算

二、多项选择题（本大题在每小题列出的四个选项中，有两项或两项以上符合题目要求，请将符合题目要求的选项选出。）

1. 下列各项中，不构成企业外购存货入账价值的有（　　）。

A. 买价　B. 向供应单位支付的进项税额
C. 运输途中的非合理损耗　D. 入库前的挑选整理费

2. 下列不计入企业产品成本的有（　　）。
A. 生产工人的工资　　B. 车间管理人员的工资
C. 企业行政管理人员的工资　　D. 在建工程人员的工资

3. 以前采购并付款的材料，现已验收入库，按材料的实际成本入账，应（　　）。
A. 借记“在途物资”账户
B. 借记“原材料”账户
C. 贷记“应交税费——应交增值税”账户
D. 贷记“在途物资”账户

4. 期末将发生额结转至“本年利润”账户的有（　　）。
A. “销售费用”账户　　B. “制造费用”账户
C. “财务费用”账户　　D. “管理费用”账户

5. 下列项目中，影响当期利润的有（　　）。
A. 管理费用　　B. 制造费用　　C. 税金及附加　　D. 营业外支出

6. 结转商品的销售成本所涉及的账户有（　　）。
A. “原材料”账户　　B. “库存商品”账户
C. “生产成本”账户　　D. “主营业务成本”账户

7. 下列账户中，期末结转后一般无余额的有（　　）。
A. “生产成本”账户　　B. “制造费用”账户
C. “销售费用”账户　　D. “管理费用”账户

8. 下列项目中，可直接计入产品生产成本的有（　　）。
A. 车间管理人员的工资　　B. 生产工人的工资
C. 生产工人的福利费　　D. 生产产品领用的原材料

9. 下列属于利润核算程序的有（　　）。
A. 结转商品销售成本　　B. 结转收入到“本年利润”账户
C. 结转所得税费用　　D. 销售商品收入

10. 下列关于“本年利润”账户的描述，正确的是（　　）。
A. 1—11月每个月的净利润放到“本年利润”账户中累计
B. 每个月月末结转“本年利润”账户中的未分配利润
C. “本年利润”账户是损益类账户
D. 年末一次性结转“本年利润”账户中的未分配利润

三、判断题（判断正误，把你认为正确的在题后的括号内打“√”，错误的打“×”。）

1. 行政管理部门领用原材料应登记在“管理费用”账户的借方。（　　）
2. “本年利润”账户期末余额在借方，表示企业发生亏损。（　　）
3. 企业的期间费用应在期末采用一定的方法分配计入产品的生产成本。（　　）
4. 企业销售产品，只有在收到款项后才能确认销售收入的实现。（　　）
5. 公司制企业的法定盈余公积按照利润总额的10%提取。（　　）
6. “主营业务收入”账户期末结转后余额在借方。（　　）
7. 企业向社会福利部门捐款应冲减盈余公积。（　　）
8. 企业购买原材料时支付的增值税应计入原材料的成本。（　　）
9. “制造费用”账户期末结转后一般无余额。（　　）
10. 企业在一定时期内实现的财务成果是通过“利润分配”账户来核算的。（　　）

四、业务题

【资料】悦微公司为增值税一般纳税人，201×年 12 月月初“在途物资——A 材料”账户借方余额为 30 000 元，乙产品月初在产品 100 件，“生产成本——乙产品”期初借方余额为 6 000 元（直接材料 3 000 元，直接人工 2 000 元，制造费用 1 000 元），12 月份发生的经济业务如下：

1. 3 日，收到维达公司投入的货币资金 200 000 元，存入银行。
2. 3 日，公司向中国银行申请取得为期 8 个月的借款 500 000 元，存入银行。
3. 4 日，用银行存款归还前欠大成公司的货款 30 000 元。
4. 4 日，采购员闫超出差，预借差旅费 2 000 元，以现金支付。
5. 5 日，开出转账支票支付职工工资 150 000 元。
6. 6 日，上月购入的 A 材料到达，验收入库。
7. 7 日，用银行存款支付办公费用 2 000 元，其中生产车间应负担 1 500 元，管理部门应负担 500 元。
8. 9 日，从成达公司购入 A 材料 2 000 千克，买价 50 000 元，B 材料 3 000 千克，买价 70 000 元。增值税税率 17%。材料尚未入库，款项用银行存款支付。
9. 10 日，销售给程光公司甲商品 500 件，每件售价 400 元，货款 200 000 元，增值税税率 17%，收到程光公司开出的为期 3 个月的商业汇票一张。
10. 10 日，开出转账支票一张，支付销售甲产品的运费，增值税专业发票上注明的运费金额为 1 000 元，增值税税额为 170 元。
11. 11 日，销售给鑫源公司乙产品 400 件，每件售价 300 元，增值税税率 17%，货款尚未收到。
12. 15 日，用银行存款支付上月增值税 40 000 元、所得税 30 000 元。
13. 17 日，采购员闫超出差回来报销差旅费 1 500 元，交回现金 500 元。
14. 18 日，开出一张转账支票 30 000 元，捐赠给该市的一所希望小学。
15. 20 日，销售不需用 A 材料一批，售价 5 000 元，增值税税率 17%，货款收到，存入银行。
16. 22 日，用银行存款支付业务招待费 1 000 元。
17. 23 日，用银行存款支付仓库的租赁费 1 500 元（不考虑增值税）。
18. 26 日，收到对外投资分得的利润 20 000 元，存入银行。
19. 26 日，收到鑫源公司的违约罚款收入 10 000 元，存入银行。
20. 28 日，各部门领用材料汇总如下：生产甲产品领用 A 材料 40 000 元，生产乙产品领用 A 材料 10 000 元，车间领用 A 材料 5 000 元，行政管理部门领用 A 材料 5 000 元；生产乙产品领用 B 材料 40 000 元，行政管理部门领用 B 材料 10 000 元。
21. 29 日，计算本月应付职工工资 150 000 元，其中甲产品的生产人员工资 60 000 元，乙产品的生产人员工资 40 000 元，车间管理人员工资 10 000 元，专设的销售机构人员工资 5 000 元，行政管理人员工资 35 000 元。
22. 30 日，计提本月固定资产折旧，生产车间 8 000 元，行政管理部门 4 000 元。
23. 30 日，分配结转制造费用（按生产人员工资分配）。
24. 31 日，支付短期借款利息 3 000 元。
25. 31 日，结转甲、乙产品的生产成本。甲产品 1 000 件全部完工入库，乙产品完工入库 1 000 件，月末在产品 200 件（在产品成本按定额成本计算，直接材料单位成本 30 元，直接人工单位成本 20 元，制造费用单位成本 10 元）。
26. 31 日，计算并结转销售产品成本。
27. 31 日，结转销售材料成本 2 000 元。

28. 31日，计算并结转本月税金及附加。

29. 31日，结转本月收入、费用至“本年利润”账户。

30. 31日，按本月实现的利润总额，计算并结转本月应缴纳的所得税。

31. 31日，结转全年累计实现的净利润（1—11月实现的净利润为1 000 000元）。

32. 31日，按全年净利润的10%提取法定盈余公积金。

33. 31日，经股东大会决定，本年向投资者分配利润500 000元。

34. 31日，年终结转全年已分配利润。

【要求】根据以上经济业务编制会计分录，如表3-8所示。

表3-8 悦微公司201×年12月份会计分录表

序号	摘要	会计分录
1		
2		
3		
4		
5		
6		
7		
8		

续表

序号	摘要	会计分录
9		
10		
11		
12		
13		
14		
15		
16		
17		
18		
19		

续表

序　号	摘　要	会 计 分 录
20		
21		
22		
23		
24		
25		
26		
27		
28		
29		

续表

序　　号	摘　　要	会 计 分 录
30		
31		
32		
33		
34		

项目四

会计凭证

模块一　会计凭证概述

知识要点

1. 会计凭证的概念；
2. 会计凭证的作用；
3. 会计凭证的种类。

学习导航

1. 学习会计凭证的概念，能够说出会计凭证的含义，知道会计凭证是证明经济业务的发生、明确经济责任的书面证明，是登记账簿的依据。

2. 学习会计凭证的作用，能够认识到会计凭证是会计核算工作的起始环节，是会计核算的一种专门方法，也是会计监督的一种专门方法。

3. 学习会计凭证的种类，能够说出按照会计凭证的填制程序和用途的不同所进行的分类，即分为原始凭证和记账凭证；同时，能够对原始凭证及记账凭证再次按照不同的标准进行分类。

同步练习

一、单项选择题（本大题在每小题列出的四个选项中，只有一项符合题目要求，请将符合题目要求的选项选出。）

1. 会计凭证按其编制的程序和用途不同，分为（　　）。

   A. 外来原始凭证和自制原始凭证　　B. 专用凭证和通用凭证

   C. 一次性凭证和累计凭证　　D. 原始凭证和记账凭证

2. 会计日常核算工作的起点是（　　）。

   A. 填制会计凭证　　B. 财产清查

   C. 设置会计科目和账户　　D. 登记会计账簿

3. 记录经济业务、明确经济责任的书面证明文件是指（　　）。

   A. 会计科目　　B. 账户　　C. 会计凭证　　D. 复式记账

4. 原始凭证按照填制手续及内容不同，分为（　　）。

   A. 收款凭证、付款凭证和转账凭证　　B. 一次凭证、累计凭证和汇总凭证

   C. 外来凭证和自制凭证　　D. 通用凭证和专用凭证

5. “为会计核算提供原始凭据，保证会计核算的客观性与真实性”的资料指的是（　　）。

A. 复式记账　　B. 会计凭证

C. 会计科目　　D. 账户

二、多项选择题（本大题在每小题列出的四个选项中，有两项或两项以上符合题目要求，请将符合题目要求的选项选出。）

1. 取得、填制和审核会计凭证的意义有（　　）。

A. 记录经济业务，提供记账依据　　B. 监督经济活动，控制经济运行

C. 增加企业盈利，提高竞争能力　　D. 明确经济责任，强化内部控制

2. 原始凭证按照按来源的不同分为（　　）。

A. 外来原始凭证　B. 通用原始凭证　C. 专用原始凭证　D. 自制原始凭证

3. 会计凭证按照填制程序和用途的不同，分为（　　）。

A. 外来凭证　B. 自制凭证　C. 原始凭证　D. 记账凭证

4. 会计核算的基本步骤有（　　）。

A. 填制和审核会计凭证　　B. 登记会计账簿

C. 财产清查　　D. 编制财务报表

5. 会计凭证在会计核算中起着非常重要的作用，其作用主要包括（　　）。

A. 为会计核算提供原始依据　　B. 发挥会计监督的作用

C. 加强岗位责任制　　D. 为会计信息使用者提供完整的会计信息

三、判断题（判断正误，把你认为正确的在题后的括号内打“√”，错误的打“×”。）

1. 会计凭证是指由会计人员填制的凭证。（　　）

2. 会计核算工作的起点和关键是填制和审核会计凭证。（　　）

3. 通过会计凭证明确经济业务发生或完成的时间、内容、涉及的有关单位和经办人员的签章等，以此来保证账簿记录的真实性和正确性，并确定对此所承担的法律责任和经济责任。（　　）

4. 填制和审核会计凭证是会计核算的专门方法之一。（　　）

5. 会计凭证是登记账簿的依据。（　　）

模块二　原始凭证

知识要点

1. 原始凭证的概念；
2. 原始凭证的种类；
3. 原始凭证的基本内容；
4. 原始凭证的填制要求；
5. 原始凭证的审核内容；
6. 原始凭证的填制方法；
7. 原始凭证的填制实例。

学习导航

1. 学习原始凭证的概念，能够说出原始凭证的含义，熟悉常见的原始凭证，特别注意不能证明经济业务的发生或完成的各种单据，如购货合同、购料申请单、对账单等，均不能作为进行会计核算的原始证据。

2. 学习原始凭证的种类，能够判断属于下列哪些类别：

（1）原始凭证按其来源不同，分为外来原始凭证和自制原始凭证；

（2）原始凭证按其填制的手续和内容不同，分为一次原始凭证、累计原始凭证和汇总原始凭证；

（3）原始凭证按其格式不同，分为通用原始凭证和专用原始凭证两种。

3. 学习原始凭证的基本内容，能够说出原始凭证的各组成基本要素，包括原始凭证的名称及编号，填制原始凭证的日期，接受原始凭证的单位名称或个人姓名，经济业务的内容，经济业务的计量单位、单价、数量和金额，填制原始凭证的单位名称或签章，经办人员或负责人的签名或者盖章等。要注意有些特殊原始凭证的格式内容。

4. 学习原始凭证的填制要求，能够理解并说出“完整、真实、清楚、及时、连续编号、完备手续、不得变造”七项要求，尤其注意原始凭证的书写要求。

5. 学习原始凭证的审核，能够理解并说出审核凭证的内容，包括审核原始凭证是否“合法、真实、完整、合理、正确、及时”；同时，要知道经审核的原始凭证应根据不同的情况进行处理。

6. 学习原始凭证的填制方法，主要掌握填制各种原始凭证的步骤及各自的不同点，认真体验各种原始凭证的填制过程。

7. 学习原始凭证的填制实例，主要掌握各种原始凭证的填制方法，注意不同的原始凭证，其具体的填制方法是不同的。

同步练习

一、单项选择题（本大题在每小题列出的四个选项中，只有一项符合题目要求，请将符合题目要求的选项选出。）

1. 下列属于通用原始凭证的是（　　）。

A. 工资结算单　　B. 折旧计算表

C. 增值税专用发票　　D. 差旅费报销单

2. 根据连续反映某一时期内不断重复发生而分次进行的特定业务编制的原始凭证有（　　）。

A. 一次凭证　　B. 累计凭证　　C. 记账凭证　　D. 汇总原始凭证

3. 不符合原始凭证基本要求的是（　　）。

A. 从个人取得的原始凭证，必须有填制人员的签名盖章

B. 原始凭证不得涂改、刮擦、挖补

C. 上级批准的经济合同，应作为原始凭证

D. 大写和小写金额必须相等

4. 原始凭证有错误的，正确的处理方法是（　　）。

A. 向单位负责人报告　　B. 退回，不予接受

C. 由出具单位重开或更正　　D. 本单位代为更正

5. 下列属于累计凭证的是（　　）。
A. 领料单　B. 限额领料单　C. 耗用材料汇总表　D. 工资汇总表
6. 在原始凭证上书写阿拉伯数字，错误的做法是（　　）。
A. 金额数字前书写货币币种符号
B. 币种符号与金额数字之间要留有空白
C. 币种符号与金额数字之间不得留有空白
D. 数字前写有币种符号的，数字后不再写货币单位
7. 下列关于原始凭证的说法，不正确的是（　　）。
A. 按照来源的不同，分为外来原始凭证和自制原始凭证
B. 按照格式的不同，分为通用原始凭证和专用原始凭证
C. 按照填制手续及内容不同，分为一次原始凭证、累计原始凭证和汇总原始凭证
D. 按照填制方法不同，分为外来原始凭证和自制原始凭证
8. 按照原始凭证的格式不同，收料单属于（　　）。
A. 外来原始凭证　B. 自制原始凭证
C. 通用凭证　D. 专用凭证
9. 关于原始凭证正确性的审核，下列表述不正确的是（　　）。
A. 原始凭证上阿拉伯数字应逐个书写清楚，不得连写
B. 小写金额前要标明货币币种符号或货币名称缩写，以元为单位的金额一般要写至分，无角分的，可直接写至元
C. 大写金额与小写金额要相符
D. 凭证中有书写错误的，应采用相应的方法更正
10.（　　）是用以调整财产物资账簿记录的重要原始凭证，也是分析产生差异的原因，明确经济责任的依据。
A. 盘存单　B. 实存账存对比表　C. 银行对账单　D. 收料单
11. 下列各项中，不属于原始凭证审核内容的是（　　）。
A. 原始凭证的真实性　B. 原始凭证的合法性
C. 会计分录的正确性　D. 原始凭证的完整性和准确性
12. 下列各项中，属于原始凭证的是（　　）。
A. 银行对账单　B. 购销合同书
C. 银行存款余额调节表　D. 账存实存对比表
13. 下列原始凭证中属于外来原始凭证的有（　　）。
A. 提货单　B. 发出材料汇总表　C. 购货发票　D. 领料单
14. “工资结算汇总表”是一种（　　）。
A. 一次凭证　B. 累计凭证　C. 汇总凭证　D. 复式凭证
15. 下列表示方法正确的是（　　）。
A. ￥ 508.00　B. ￥86.0-
C. 人民币伍拾陆元捌角伍分整　D. 人民币柒拾陆元整

二、多项选择题（本大题在每小题列出的四个选项中，有两项或两项以上符合题目要求，请将符合题目要求的选项选出。）

1. 下列会计凭证中，属于自制原始凭证的有（　　）。
A. 工资结算单　B. 限额领料单
C. 发料凭证汇总表　D. 销货时的增值税专用发票记账联

2. 各种原始凭证必须具备的基本内容包括（　　）。

A. 凭证名称、填制日期　　B. 接受原始凭证的单位名称

C. 经济业务内容　　D. 填制单位签章

3. 原始凭证的填制，除了记录真实、内容完整、手续完备等基本要求外，还要求做到（　　）。

A. 书写清楚规范　　B. 填制及时

C. 编号连续　　D. 不得涂改、刮擦、挖补

4. 下列内容中，属于原始凭证审核内容的是原始凭证的（　　）。

A. 真实性　　B. 合法性

C. 合理性　　D. 完整性

5. 对外来原始凭证进行真实性审核的内容包括（　　）。

A. 经济业务的内容是否真实　　B. 填制的凭证日期是否正确

C. 单位公章和人员签章是否齐全　　D. 双方单位及人员是否真实

6. 在原始凭证上书写阿拉伯数字，正确的是（　　）。

A. 金额数字一律填写到角、分

B. 无角分的，角位和分位可写“00”或者符号“－”

C. 有角无分的，分位应当写“0”

D. 有角无分的，分位也可以用符号“－”代替

7. 下列属于外来原始凭证的有（　　）。

A. 本单位开具的销售发票　　B. 供货单位开具的发票

C. 职工出差取得的飞机票和火车票　　D. 银行收付款通知单

8. 下列属于一次凭证的有（　　）。

A. 收据　　发票　　C. 工资结算单　　D. 工资汇总表

9. 对原始凭证发生的错误，正确的更正方法是（　　）。

A. 由出具单位重开或更正

B. 由本单位的会计人员代为更正

C. 金额发生错误的，可由出具单位在原始凭证上更正

D. 金额发生错误的，应当由出具单位重开

10. 从外单位取得的原始凭证遗失时，应（　　），才能代作原始凭证。

A. 取得原签发单位盖有公章的证明

B. 注明原始凭证的号码、金额、内容等

C. 由经办单位的会计机构负责人批准

D. 由经办单位负责人批准

11. 下列各项中，对原始凭证的处理正确的是（　　）。

A. 对于完全符合要求的原始凭证，应当及时编制记账凭证入账

B. 对于不真实、不合法的原始凭证，会计机构和会计人员有权不予接受，但不一定要向单位负责人报告

C. 对于真实、合法、合理，但内容不够完整、填写有错误的原始凭证，应退回给有关经办人员

D. 对于不真实、不合法的原始凭证，会计机构和会计人员有权不予接受，并向单位负责人报告

12. 原始凭证按其来源不同，可分为（　　）。
A. 一次原始凭证　　B. 外来原始凭证
C. 自制原始凭证　　D. 累计原始凭证
13. 下列各项中，属于自制原始凭证包括（　　）。
A. 收到的发票　　B. 领料单
C. 收料单　　D. 工资结算单
14. 凡填错的现金和银行收付款原始凭证应（　　）。
A. 撕毁　　B. 作废重填
C. 连同存根一起保存　　D. 加盖“作废”戳记
15. 购买材料时收到的增值税专用发票属于（　　）。
A. 一次原始凭证　　B. 外来原始凭证
C. 累计原始凭证　　D. 汇总原始凭证

三、判断题（判断正误，把你认为正确的在题后的括号内打“√”，错误的打“×”。）

1. 各种原始凭证都应由会计部门进行审核。（　　）
2. 自制原始凭证是指由企业会计人员自行填制的凭证。（　　）
3. 在审核原始凭证时，发现有伪造、涂改或不合法的原始凭证，应退还经办人更改后再受理。（　　）
4. 原始凭证对于发生和完成的经济业务具有证明效力。（　　）
5. 每项经济业务的发生都必须从外部取得原始凭证。（　　）
6. 对记载不准确、不完整的原始凭证，会计人员有权要求其重填。（　　）
7. 自制原始凭证都是一次凭证，外来原始凭证绝大多数是一次凭证。（　　）
8. 原始凭证原则上不得外借，其他单位如有特殊原因确实需要使用时，经本单位会计机构负责人、会计主管人员批准，可以外借。（　　）
9. 原始凭证发生的错误，正确的更正方法是由出具单位在原始凭证上更正。（　　）
10. 对于真实、合法、合理但内容不够完善、填写有错误的原始凭证，会计机构和会计人员应该不予以接受。（　　）
11. 工资发放明细表、折旧计算表都属于企业自制原始凭证。（　　）
12. 对于一些经常重复发生的经济业务，可以根据同类原始凭证编制原始凭证汇总表。（　　）
13. 原始凭证是会计核算的原始资料和重要依据，是登记账簿的直接依据。（　　）
14. 转账支票只用于转账，而现金支票不仅可以用于提取现金，还可用于转账。（　　）
15. 如果原始凭证已预先印定编号，在写坏作废时，应加盖“作废”戳记，妥善保管，不得撕毁。（　　）

四、业务题

1. 收料单的填制。

【资料】2017 年 3 月 2 日，新兴公司从华阳公司购进编号为“012”的甲材料一批，增值税发票（号码：No.00560028）上载明单价 100 元/千克，数量为 500 千克，增值税税率为 17%，款项已付，材料全部验收入库。

【要求】请根据上述资料，以“03#仓库”保管员郑鑫的身份填制下列空白收料单，如图 4-1 所示。

新兴公司收料单

发票号码：　　　　　　　　　　　　　　年　　月　　日

供应单位：　　　　　　　　　　　　　　　　　　　　　　　收料单编号：**0333093**

材料类别：　　　　　　　　　　　　　　　　　　　　　　　收料仓库：

编号	名称	规格	单位	数量		实际成本					备注
				应收	实收	买价		运杂费	其他	合计	
						单价	金额				
合计											

此联：记账联

主管：　　　　采购员：　　　　检验员：　　　　记账员：　　　　保管员：

图 4-1　收料单

2. 现金支票的填制。

【资料】2017 年 3 月 16 日，经主管领导批准，新兴公司（法人：赵腾飞）出纳员魏政（身份证号：372311197911051112）按规定程序填制一张工商银行现金支票，到开户银行（中国工商银行建设路支行，账号 109873785656）提取现金 5 000 元，用于日常开支。

【要求】:根据以上资料，填写一张现金支票，如图 4-2、图 4-3 所示。

中国工商银行
现金支票存根（鲁）
XII06766687
附加信息 ________
日期　　年　月　日
收款人：
金　额：
用　途：
单位主管　　　**会计**

中国工商银行 现金支票（鲁）　　　XII06766687

本支票付款期限十天

出票日期（大写）　　年　　月　　日　**付款行名称：**
收款人　　　　　　　　　　　　　　　**出票人账号：**

人民币（大写）	千	百	十	万	千	百	十	元	角	分

用途： ________
上列款项请从
我账户内支付
出票人签章：　　　　　　　　**复核**　　　　**记账**

图 4-2　现金支票正面

附加信息：

收款人签章
年　月　日

身份证件名称：　　　　　发证机关：

号码																		

（粘贴单处）

图 4-3　现金支票背面

模块三　记账凭证

知识要点

1. 记账凭证的概念；
2. 记账凭证的种类；
3. 记账凭证的内容；
4. 记账凭证的填制；
5. 记账凭证的审核。

学习导航

1. 学习记账凭证的概念，能够说出记账凭证的含义，知道与原始凭证的不同点。

2. 学习记账凭证的种类，能够明确记账凭证按照用途如何分类，重点掌握专用记账凭证的分类，专用记账凭证包括收款凭证、付款凭证和转账凭证，同时，要正确区分专用记账凭证与通用记账凭证的异同。

3. 学习记账凭证的内容，能够说出记账凭证必须具备的要素，尤其注意与原始凭证基本内容的比较。

4. 学习记账凭证的填制，能够理解并说出填制记账凭证的基本要求，能够掌握填制记账凭证的编制步骤，并正确填制收款凭证、付款凭证、转账凭证和通用记账凭证。

5. 学习记账凭证的审核，能够理解并说出审核的内容，具体包括内容是否真实，项目是否齐全，科目是否正确，金额是否一致，书写是否规范等。

同步练习

一、单项选择题（本大题在每小题列出的四个选项中，只有一项符合题目要求，请将符合题目要求的选项选出。）

1. 下列记账凭证中，可以不附原始凭证的是（　　）。
   A. 所有收款凭证　　B. 所有付款凭证
   C. 所有转账凭证　　D. 用于结账的记账凭证
2. 为保证会计账簿记录的正确性，会计人员编制记账凭证时必须依据（　　）。
   A. 金额计算正确的原始凭证　　B. 填写齐全的原始凭证
   C. 盖有填制单位财务公章的原始凭证　　D. 审核无误的原始凭证
3. 以下经济业务中，应填制转账凭证的是（　　）。
   A. 职工借支差旅费 500 元　　B. 以现金 360 元购买办公用品
   C. 销售产品收到现金 20 000 元　　D. 购入设备一台，价款 100 000 元未付
4. 下列有关单式记账凭证的说法，正确的是（　　）。
   A. 单式记账凭证是指将每笔经济业务所涉及的全部会计科目及其内容在同一张记账凭证中反映的记账凭证
   B. 单式记账凭证是指将每笔经济业务所涉及的每一个会计科目及其内容分别独立地反

映的记账凭证

C. 其不便于会计分工记账及按会计科目汇总

D. 其便于反映经济业务的全貌及账户的对应关系

5. 出纳人员支出货币资金的依据是（ ）。

A. 收款凭证 B. 付款凭证 C. 转账凭证 D. 原始凭证

6. 付款凭证左上角的“贷方科目”可能登记的科目是（ ）。

A. 预付账款 B. 银行存款

C. 预收账款 D. 其他应付款

7. 下列业务中应该编制收款凭证的是（ ）。

A. 购买原材料，用银行存款支付 B. 收到销售商品的款项

C. 购买固定资产，款项尚未支付 D. 销售商品，收到商业汇票一张

8. 将库存现金送存银行，应填制的记账凭证是（ ）。

A. 库存现金收款凭证 B. 库存现金付款凭证

C. 银行存款收款凭证 D. 银行存款付款凭证

9.（ ）是用来记录货币资金付款业务的凭证，它是由出纳人员根据审核无误的原始凭证填制的。

A. 收款凭证 B. 付款凭证 C. 转账凭证 D. 累计凭证

10. 填制记账凭证时，错误的做法是（ ）。

A. 根据每一张原始凭证填制

B. 根据若干张同类原始凭证汇总填制

C. 将若干张不同内容和类别的原始凭证汇总填制在一张记账凭证上

D. 根据原始凭证汇总表编制

11. 某企业财务室第 6 号转账业务需填制 3 张记账凭证，则三张记账凭证的正确编号为（转）字第（ ）。

A. 6 号，7 号，8 号 B. 6-3-1 号，6-3-2 号，6-3-3 号

C. $6\frac{1}{3}$号，$6\frac{2}{3}$号，$6\frac{3}{3}$号 D. $6\frac{3}{1}$号，$6\frac{3}{2}$号，$6\frac{3}{3}$号

12. 企业购进原材料 60 000 元，款项未付。该笔经济业务应编制的记账凭证是（ ）。

A. 收款凭证 B. 付款凭证 C. 转账凭证 D. 以上均可

13. 下列各项中，不属于记账凭证基本内容的是（ ）。

A. 交易或事项的内容摘要 B. 交易或事项的数量、单价

C. 应记会计科目、方向及金额 D. 凭证的编号

14. 记账凭证按其（ ）不同，通常分为收款凭证、付款凭证和转账凭证。

A. 格式 B. 反映的经济内容 C. 填列方式 D. 依据的原始凭证

15. 记账凭证按照其填列方式，可以分为（ ）。

A. 收款凭证、付款凭证和转账凭证

B. 借项凭证和贷项凭证

C. 单式凭证和复式凭证

D. 一次凭证、累计凭证和汇总凭证

16. 某单位购入设备一台，价款100万元，用银行存款支付60万元，另40万元则签发了商业汇票。对这一经济业务，单位应编制的记账凭证为（　　）。

A. 编制一张转账凭证　　B. 编制一张收款凭证

C. 编制一张付款凭证　　D. 编制一张转账凭证和一张付款凭证

17. 下列哪项不是记账凭证的基本要素（　　）。

A. 记账凭证的名称、日期、编号及经济业务摘要

B. 交易或事项涉及的会计科目、记账方向及金额

C. 记账标记及原始凭证附件

D. 单位负责人签章

18. 下列哪项不属于记账凭证审核的内容（　　）。

A. 真实性审核　B. 可比性审核　C. 技术性审核　D. 完整性审核

19. 下列关于记账凭证填制的基本要求，不正确的是（　　）。

A. 记账凭证各项内容必须完整，并且应当连续编号

B. 填制记账凭证时若发生错误，应当重新填制

C. 记账凭证填制完经济业务事项后，如有空行，应当自金额栏最后一笔金额数字下的空行处至合计数上的空行处划线注销

D. 所有的记账凭证都必须附原始凭证

20. 出纳人员在办理收款或付款业务后，应在（　　）上加盖"收讫"或"付讫"的戳记，以避免重收或重付。

A. 记账凭证　B. 收款凭证　C. 原始凭证　D. 付款凭证

21. 为了分清会计事项处理的先后顺序，便于记账凭证与会计账簿之间的核对，确保记账凭证的完整无缺，填制记账凭证时，应当（　　）。

A. 依据真实　B. 日期正确　C. 连续编号　D. 简明扼要

22. 某企业购入物资一批，货款付清，物资入库。该项业务取得或填制的原始凭证包括增值税专用发票1张，银行结算凭证1张，收料单5张，收料凭证汇总表1张，则在记账凭证中注明的附件张数应为（　　）。

A. 2张　B. 4张　C. 7张　D. 8张

23. 从银行提取现金，应填制的记账凭证是（　　）。

A. 库存现金收款凭证　　B. 库存现金付款凭证

C. 银行存款收款凭证　　D. 银行存款付款凭证

24. 填制记账凭证若发生了错误，正确的处理方法是（　　）。

A. 重新填制记账凭证　　B. 更正并加盖公章

C. 更正并加盖更正人员印章　　D. 更正并加盖更正人员印章和公章

25. 登记总分类账的直接依据是（　　）。

A. 原始凭证　B. 记账凭证　C. 经济业务　D. 原始凭证汇总表

二、多项选择题（本大题在每小题列出的四个选项中，有两项或两项以上符合题目要求，请将符合题目要求的选项选出。）

1. 下列业务中，需要编制付款凭证的有（　　）。

A. 从银行提现　　B. 将现金存入银行

C. 用现金购办公用品　　D. 收回前欠款项

2. 对下列会计事项处理时，不必编制记账凭证的是（　　）。

A. 期末将“主营业务收入”结转入“本年利润”账户

B. 年度终了结账时，有余额的账户将余额结转下年

C. 期末将“制造费用”发生额分配转入“生产成本”账户

D. 年末将“本年利润”余额转入“利润分配——未分配利润”账户

3. 对提现业务，可以编制的记账凭证有（　　）。

A. 收款凭证　　B. 付款凭证　　C. 转账凭证　　D. 通用记账凭证

4. 下列记账凭证中，必须附原始凭证的是（　　）。

A. 所有收款凭证　　B. 所有付款凭证

C. 所有转账凭证　　D. 用于结账的记账凭证

5. 下列内容中，属于记账凭证审核内容的是（　　）。

A. 凭证是否符合有关的计划和预算

B. 会计科目的使用是否正确

C. 凭证的金额与所附原始凭证的金额是否一致

D. 凭证的内容与所附原始凭证的内容是否一致

6. 关于记账凭证，下列说法正确的是（　　）。

A. 收款凭证是指用于记录现金和银行存款收款业务的会计凭证

B. 收款凭证分为现金收款凭证和银行存款收款凭证两种

C. 从银行提取库存现金的业务应该编制现金收款凭证

D. 从银行提取库存现金的业务应该编制银行存款付款凭证

7. 下列说法正确的是（　　）。

A. 记账凭证上的日期指的是经济业务发生的日期

B. 对于涉及“库存现金”和“银行存款”之间的经济业务，一般只编制收款凭证

C. 出纳人员不能直接依据有关收、付款业务的原始凭证办理收、付款业务

D. 出纳人员必须根据经会计主管或其指定人员审核无误的收、付款凭证办理收、付款业务

8. 王明出差回来，报销差旅费1 000元，原预借1 500元，交回剩余现金500元，这笔业务应该编制的记账凭证有（　　）。

A. 付款凭证　　B. 收款凭证　　C. 转账凭证　　D. 原始凭证

9. 记账凭证的填制除必须做到记录真实、内容完整、填制及时、书写清楚外，还必须符合的要求是（　　）。

A. 如有空行，应当在空行处划线注销

B. 发生错误，应该按规定的方法更正

C. 必须连续编号

D. 除另有规定外，应该有附件并注明附件张数

10. 下列经济业务中，应填制付款凭证的有（　　）。

A. 提取现金备用　　B. 购买材料预付订金

C. 购买材料未付款　　D. 以银行存款支付前欠单位货款

11. 购买A材料一批，价税合计23 400元，以银行存款支付10 000元，其余费用暂欠。这笔业务应该编制的记账凭证有（　　）。

A. 付款凭证　　B. 收款凭证　　C. 转账凭证　　D. 原始凭证

12. 下列人员中，应在记账凭证上签章的有（　　）。

A. 单位负责人　　B. 会计主管　　C. 记账人员　　D. 制单人员

13. 记账凭证可以根据（　　）编制。
A. 同一日期的所有原始凭证汇总　　B. 原始凭证汇总表
C. 若干张同一类别的原始凭证汇总　　D. 每一张原始凭证

14. 可以不附原始凭证的记账凭证有（　　）。
A. 一张原始凭证涉及几张记账凭证时
B. 更正错误的记账凭证
C. 一张原始凭证需要有多个单位共同使用时
D. 期末结账的记账凭证

15. 付款凭证的贷方科目不可能是（　　）。
A. 应付账款　　B. 主营业务收入　　C. 银行存款　　D. 应付票据

三、判断题（判断正误，把你认为正确的在题后的括号内打“√”，错误的打“×”。）

1. 在填制记账凭证时，可将不同内容和类别的原始凭证汇总填制在一张记账凭证上。（　　）
2. 原始凭证是登记明细分类账的依据，记账凭证是登记总分类账的依据。（　　）
3. 涉及库存现金和银行存款的经济业务只编制付款凭证。（　　）
4. 付款凭证分为库存现金付款凭证和银行存款付款凭证。（　　）
5. 记账凭证的审核与编制不能是同一会计人员。（　　）
6. 钱账分管制度是现金管理内部控制制度的重要组成部分。（　　）
7. 记账凭证填制完经济业务事项后，如有空行，应当自金额栏最后一笔金额数字下的空行处至合计数上的空行处划线注销。（　　）
8. 一张原始凭证所列的支出需要由几个单位共同负担时，应当由保存该原始凭证的单位将该原始的复印件交给其他应负担的单位。（　　）
9. 记账凭证所附的原始凭证数量过多，也可以单独装订保管，但应在其封面及有关记账凭证上加注说明。（　　）
10. 所有的记账凭证都必须附有原始凭证，否则，不能作为记账的依据。（　　）

四、业务题

实训一

【资料】20××年 8 月，新兴公司发生以下经济业务：

1. 2 日，向东方公司购入甲材料一批，货款为 18 000 元，增值税税率为 17%，另有外地运费 700 元，均已通过银行付清，材料未验收入库。
2. 3 日，用现金从时代商场购买办公用品一批，共计 600 元，交付厂部管理部门使用。
3. 4 日，生产车间为制造 A 产品领用甲材料 90 000 元，为制造 B 产品领用乙材料 80 000 元，管理部门一般耗用乙材料 2 000 元。
4. 6 日，车间报销办公用品费 300 元，公司报销办公用品费 500 元，均以现金付讫。
5. 6 日，职工刘芳出差借款 3 000 元，以现金付讫。
6. 8 日，以转账支票支付所属职工子弟学校经费 50 000 元。
7. 9 日，刘芳报销差旅费 2 500 元，余款退回现金。
8. 11 日，从银行提取现金 800 元备用。
9. 15 日，开出转账支票，以银行存款缴纳上月应交企业所得税 18 000 元。
10. 22 日，通过银行转账，归还银行的临时借款 20 000 元。

11. 25 日，用银行存款支付所欠供货单位北方公司货款 6 700 元。

12. 26 日，销售产品一批，A 产品货款为 1 000 000 元，B 产品货款为 800 000 元，增值税税率为 17%，款项已存入银行。

13. 27 日，企业购入 012#设备一台，价款为 100 000 元，增值税税率为 17%，以银行存款支付。

14. 31 日，预提本月银行借款利息 3 000 元。

15. 31 日，按规定计提固定资产折旧，其中生产车间设备折旧费 3 300 元，管理部门办公设备折旧费 1 200 元。

16. 31 日，结算本月应付职工工资 100 000 元，其中生产 A 产品的工人工资 40 000 元，生产 B 产品的工人工资 30 000 元，车间管理人员工资 10 000 元，企业管理部门人员工资 20 000 元。

17. 31 日，结转本月发生的制造费用 15 000 元。其中 A 产品应负担 9 000 元，B 产品应负担 6 000 元。

18. 31 日，结转已销产品的实际生产成本，A 产品 600 000 元，B 产品 300 000 元。

【要求】根据上列经济业务，采用收、付、转三类编号法编制记账凭证。

实 训 二

【资料】2017年3月2日，新兴公司出纳员钱多多收到行政科丁俊晖交来差旅费余款 120 元。

【要求】

1. 请你以钱多多的身份填制收款收据，写在图 4-4 的空白收据内。

收 款 收 据

年 月 日 No 000267

交款单位____________ 收款方式________

收款事由__________________

人民币（大写）__________ ¥______

收款单位（盖章） 会计主管： 审核： 记账： 出纳： 经办：

此联：记账联

图 4-4 收据

2. 制单员赵凯根据上述收据所编制的记账凭证如图 4-5 所示，请你以审核员的身份进行审核，若准确，请签字；若有错，指出错误之处。

收 款 凭 证 装订顺序第____号

借方科目：库存现金 2017 年 3 月 2 日 收字第 3 号

摘 要	贷方科目		金额										记账
	一级科目	明细科目	千	百	十	万	千	百	十	元	角	分	（√）
丁俊晖退回多余现金	应收账款	丁俊晖						1	2	0	0	0	
合 计								1	2	0	0	0	

附件 张

财务主管： 审核： 记账： 出纳： 制单：赵凯

图 4-5 收款凭证

模块四　会计凭证的传递与保管

知识要点

1. 掌握会计凭证传递的概念；
2. 理解制定会计凭证传递程序的注意事项；
3. 掌握会计凭证分类整理的方法；
4. 掌握会计凭证装订的方法；
5. 掌握会计凭证保管过程中应注意的问题；
6. 理解会计凭证保管的概念。

学习导航

1. 学习会计凭证传递的概念，能够说出会计凭证传递的含义，知道会计凭证传递是对会计凭证按照规定的手续、时间和传递路线，进行处理、移交的过程。

2. 学习制定会计凭证传递程序的注意事项，知道应该从确定传递线路、规定传递时间、建立会计凭证交接的签收制度这三个方面入手。

3. 学习会计凭证分类整理的方法，能够按照正确的方法进行分类整理，知道按顺序排列（小号在上，大号在下），检查日期、编号是否齐全，去掉凭证中用于临时固定会计凭证的物件等，尤其是对过宽、过长的附件能够正确折叠。

4. 学习会计凭证装订的方法，知道正确分册的方法，会加具并正确填写封皮，知道装订凭证的六个步骤，并能够较熟练地正确装订。

5. 学习会计凭证保管过程中应注意的问题，知道需要单独装订保管的凭证应如何保管，从外单位取得的原始凭证若遗失应如何进行处理，其他单位和个人调阅会计凭证时应如何正确处理，知道凭证在装订以后存档以前的注意事项，知道会计凭证的保管期限和销毁手续。

6. 学习会计凭证保管的概念，能够说出这是在会计凭证记账后的整理、装订、归档和存查工作。

同步练习

一、单项选择题（本大题在每小题列出的四个选项中，只有一项符合题目要求，请将符合题目要求的选项选出。）

1.《会计档案管理办法》规定，企业原始凭证的保管期限为（　　）。

A. 3 年　　B. 5 年

C. 15 年　　D. 25 年

2. 各种经济合同、存出保证金收据及涉外文件等重要原始凭证应当（　　）。

A. 另编目录，单独登记保管　　B. 附在原始凭证后保管

C. 附在记账凭证后保管　　D. 附在会计报表后保管

3. 关于会计凭证的保管，下列说法不正确的是（　　）。

A. 会计凭证应定期装订成册，防止散失

B. 会计主管人员和保管人员应在封面上签章

C. 原始凭证不得外借，其他单位如有特殊原因确实需要使用时，经本单位会计机构负责人、会计主管人员批准，可以复印

D. 经单位领导批准，会计凭证在保管期满前可以销毁

4. 关于会计凭证的传递与保管，以下说法不正确的是（　　）。

A. 科学合理的传递程序能保证会计凭证在传递过程中安全、及时、准确和完整

B. 要建立会计凭证交接的签收制度

C. 原始凭证不得外借，也不得复制

D. 会计凭证记账完毕后，应当按分类和编号顺序保管

5. 原始凭证不得外借，其他单位如有特殊原因确实需要使用时，经（　　）批准，可以复印。

A. 会计档案保管人员、单位负责人　　B. 总会计师、单位负责人

C. 总经理、会计主管人员　　D. 会计机构负责人、会计主管人员

6. 关于会计凭证的装订和保管，下列表述不正确的是（　　）。

A. 会计凭证必须按照归档制度，妥善整理和保管，形成会计档案，便于随时查阅

B. 对检查无误的会计凭证，要按顺序号排列，折叠整齐装订成册，并加具封面

C. 如果某些记账凭证的原始凭证数量过多，也可以单独装订保管，但应在其封面及有关记账凭证上加注说明

D. 契约、押金，收据等重要原始凭证，必须装订成册，不得单独保管，以防散失

7. 关于会计凭证的归档保管，下列表述错误的是（　　）。

A. 每月记账完毕，应将会计凭证按顺序号排列，装订成册

B. 从外单位取得的原始凭证遗失时，应由开具单位重开

C. 重要的原始凭证可以单独保管

D. 原始凭证不得外借

8. 向外单位提供原始凭证复印件，应在专设的登记簿上登记，并由（　　）共同签名、盖章。

A. 会计机构负责人和收取人员　　B. 档案保管人员和收取人员

C. 提供人员和收取人员　　D. 单位负责人和收取人员

9. 会计凭证的传递范围是在（　　）。

A. 本单位与外单位有关部门及有关人员之间

B. 本单位内部有关部门及有关人员之间

C. 本单位与税收部门及有关人员之间

D. 本单位与银行之间

10.（　　）是指会计凭证登账后的整理、装订和归档存查。

A. 会计凭证的传递　　B. 会计凭证的编制

C. 会计凭证的记录　　D. 会计凭证的保管

二、多项选择题（本大题在每小题列出的四个选项中，有两项或两项以上符合题目要求，请将符合题目要求的选项选出。）

1. 会计凭证保管的内容包括（　　）。

A. 整理会计凭证　　B. 装订会计凭证

C. 归档存查会计凭证　　D. 加具封面并签章

2. 其他单位因特殊原因需要使用本单位的原始凭证，正确的做法是（ ）。
   A. 可以外借
   B. 将外借的会计凭证拆封抽出
   C. 不得外借，经本单位会计机构负责人、会计主管人员批准，可以复制
   D. 将向外单位提供的凭证复印件在专设的登记簿上登记
3. 从外单位取得的原始凭证遗失时，应（ ），才能代作原始凭证。
   A. 取得原签发单位盖有公章的证明　　B. 注明原始凭证的号码、金额、内容等
   C. 由经办单位会计机构负责人批准　　D. 由经办单位负责人批准
4. 下列关于会计凭证传递和保管的说法，正确的有（ ）。
   A. 原始凭证较多时，可以单独装订
   B. 装订成册的会计凭证要加具封面，并逐项填写封面内容
   C. 通过会计凭证的传递可以加强会计监督
   D. 单位应根据具体情况制定每一种凭证的传递程序和方法
5. 在已经装订好的记账凭证的封面上，应加盖印章的人员有（ ）。
   A. 记账凭证填制人　　B. 记账凭证装订人
   C. 会计主管　　D. 出纳

三、判断题（判断正误，把你认为正确的在题后的括号内打“√”，错误的打“×”。）

1. 年度终了后，会计凭证可暂由会计机构保管 1 年，期满后应由会计机构移交给本单位档案机构统一保管。（ ）
2. 会计凭证的传递是指会计凭证从取得或填制时起至归档保管时止，在单位内部会计部门和人员之间的传递手续。（ ）
3. 钱账分管制度是现金管理内部控制制度的重要组成部分。（ ）
4. 实行会计电算化的单位，其记账凭证可由计算机自动编制，无须经会计人员确认。（ ）
5. 原始凭证不得外借，其他单位如因特殊需要使用原始凭证时，经本单位会计机构负责人（会计主管人员）批准，可以复制。（ ）
6. 保管期满的原始凭证，单位可以自行销毁。（ ）
7. 从外单位取得的原始凭证如有遗失，必须由开具单位重新开具。（ ）
8. 制定科学的会计凭证传递程序时，应着重考虑会计凭证的整理、归类和装订成册。（ ）
9. 在签发支票时，5 200.05 元的汉字大写金额应写成“伍仟贰佰元伍分”。（ ）
10. 各单位均应根据具体情况制定每一种凭证的传递程序和方法。（ ）

四、业务题

将根据模块三中实训一资料所编制的记账凭证，按照正确的方法进行装订成册。

综合训练

一、单项选择题（本大题在每小题列出的四个选项中，只有一项符合题目要求，请将符合题目要求的选项选出。）

1. 会计凭证分为原始凭证和记账凭证的依据是（ ）。
   A. 填制方式　　B. 填制方法　　C. 填制程序和用途　　D. 取得的来源

2. 原始凭证按（　　）分类，分为一次凭证、累计凭证等。

A. 用途和填制程序 B. 形成来源　C. 填制方式　D. 填制手续及内容

3. 下列会计凭证中，属于原始凭证的是（　　）。

A. 收款凭证　B. 付款凭证　C. 转账凭证　D. 折旧计算表

4. 下列各项中，属于自制原始凭证的是（　　）。

A. 产品入库单　B. 银行结算凭证　C. 购货收据　D. 车船票

5. 在填制会计凭证时，1 815.53 的大写金额数字为（　　）。

A. 壹仟捌佰拾伍元伍角叁分整　B. 壹仟捌佰壹拾伍元伍角叁分整

C. 壹仟捌佰拾伍元伍角叁分　D. 壹仟捌佰壹拾伍元伍角叁分

6. 用来作为编制会计分录依据的是（　　）。

A. 原始凭证　B. 一次凭证　C. 记账凭证　D. 累计凭证

7. 下列不能作为会计核算原始凭证的是（　　）。

A. 发货票　B. 合同书　C. 入库单　D. 领料单

8. 在审核原始凭证时，对于内容不完整、填制有错误或手续不完备的原始凭证，应当（　　）。

A. 拒绝办理，并向本单位负责人报告

B. 予以抵制，对经办人员进行批评

C. 由会计人员重新填制或予以更正

D. 予以退回，要求更正、补充，以至重新填制

9. 下列各项，不属于原始凭证审核内容的是（　　）。

A. 凭证是否符合有关的计划和预算

B. 会计科目使用是否正确

C. 凭证是否符合规定的审核程序

D. 凭证是否有填制单位的公章和填制人员的签章

10. 会计机构和会计人员对不真实、不合法的原始凭证，应当（　　）。

A. 不予受理，不向单位负责人报告　B. 予以受理

C. 不予受理，并向单位负责人报告　D. 予以退回，要求更正、补充

11. 在使用收款凭证、付款凭证、转账凭证的单位，如发生与货币资金无关的业务时，填制的凭证是（　　）。

A. 收款凭证　B. 付款凭证　C. 转账凭证　D. 通用凭证

12. 将同类经济业务汇总编制的原始凭证是（　　）。

A. 一次凭证　B. 累计凭证　C. 记账编制凭证　D. 汇总原始凭证

13. 下列业务中，应该填制现金收款凭证的是（　　）。

A. 出售产品一批，货款未收　B. 从银行提取现金

C. 出售产品一批，收到一张转账支票　D. 出售多余材料，收到现金

14. 某会计人员在审核记账凭证时，发现误将“1 000”元写成“100 元”，尚未入账，应采用的更正方法是（　　）。

A. 重编记账凭证 B. 红字更正法　C. 补充登记法　D. 冲账法

15. 填制记账凭证的人员是（　　）。

A. 出纳人员　B. 会计人员　C. 经办人员　D. 主管人员

16. 根据同一原始凭证编制几张记账凭证的，应（　　）。

A. 在编制原始凭证的记账凭证上注明其原始凭证在哪张记账凭证上

B. 采用分数编号法

C. 不必做任何说明

D. 将原始凭证附在主要的记账凭证后面，并在未附原始凭证的记账凭证上注明其原始凭证在哪张记账凭证上

17. 张诚出差回来，报销差旅费 2 200 元，原来没有预借任何款项，这笔业务应该编制的记账凭证是（　　）。

A. 付款凭证　　B. 收款凭证　　C. 转账凭证　　D. 原始凭证

18. 下列记账凭证中，不能据以登记现金日记账的是（　　）。

A. 银行存款收款凭证　　B. 银行存款付款凭证

C. 现金收款凭证　　D. 现金付款凭证

19. 记账凭证填制完毕加计合计数以后，如有空行应（　　）。

A. 空置不填　　B. 划线注销　　C. 盖章注销　　D. 签字注销

20. 用现金支付购物款，应填制（　　）。

A 银行存款付款凭证　　B. 转账凭证

C. 库存现金付款凭证　　D. 库存现金收款凭证

21. 付款记账凭证，在左上角的贷方科目，应填列（　　）。

A. 银行存款　　B. 库存现金

C. 银行存款或库存现金　　D. 非货币资金的其他科目

22. 车间领用原材料，应根据领料单填制（　　）。

A. 收款凭证　　B. 付款凭证　　C. 转账凭证　　D. 结算凭证

23. 原始凭证的金额出现错误，正确的更正方法是（　　）。

A. 由出具单位更正，并在更正处盖章

B. 出取得单位更正，并在更正处盖章

C. 由出具单位重开

D. 由出具单位另开证明，作为原始凭证的附件

24. 以银行存款归还银行借款的业务，应编制（　　）。

A. 转账凭证　　B. 收款凭证　　C. 付款凭证　　D. 计算凭证

25. 会计凭证的传递，是指（　　），在单位内部有关部门及人员之间的传递程序。

A. 从会计凭证的填制时起到登记账簿

B. 会计凭证的填制或取得时起到归档保管过程中

C. 从会计凭证审核后到归档

D. 从会计凭证的填制或取得时起到汇总登记账簿

二、多项选择题（本大题在每小题列出的四个选项中，有两项或两项以上符合题目要求，请将符合题目要求的选项选出。）

1. 原始凭证的基本内容包括（　　）。

A. 原始凭证的名称　　B. 接受原始凭证的单位名称

C. 经济业务的性质　　D. 凭证的附件

2. 原始凭证按照填制的方法不同，可分为（　　）。

A. 累计原始凭证　　B. 汇总原始凭证

C. 一次原始凭证　　D. 专用原始凭证

3. 下列属于通用凭证的有（　　）。
A. 本单位开具的销售发票　　B. 供货单位开具的发票
C. 工资费用分配表　　D. 差旅费报销单
4. 下列凭证中属于自制原始凭证的有（　　）。
A. 购进发货票　　B. 销售发货票
C. 限额领料单　　D. 发出材料汇总表
5. 关于会计凭证，下列各项表述正确的是（　　）。
A. 会计凭证可以分为原始凭证和记账凭证
B. 原始凭证是编制记账凭证的依据
C. 记账凭证是登记账簿的直接依据
D. 尚未取得原始凭证的经济业务可以先编制记账凭证据以记账
6. 工资支付单不属于（　　）。
A. 记账凭证　　B. 自制原始凭证
C. 外来原始凭证　　D. 累计原始凭证
7. 下列原始凭证中，属于一次凭证的是（　　）。
A. 发票　　B. 发料汇总表
C. 限额领料单　　D. 本企业开出的收款收据
8. 原始凭证按填制手续及内容不同，可分为（　　）。
A. 一次凭证　　B. 累计凭证　　C. 记账凭证　　D. 汇总凭证
9. 下列各项，属于原始凭证填制要求的有（　　）。
A. 原始凭证必须加盖公章
B. 有大小写的原始凭证，大小写金额必须相等
C. 原始凭证的填制要及时
D. 原始凭证的书写要规范
10. 下列属于记账凭证的是（　　）。
A. 收款凭证　　B. 付款凭证　　C. 转账凭证　　D. 通用记账凭证
11. 限额领料单同时属于（　　）。
A. 自制原始凭证 B. 累计原始凭证　　C. 汇总原始凭证　　D. 记账凭证
12. 对外来原始凭证进行审核的内容包括（　　）。
A. 真实性　　B. 合法性　　C. 完整性　　D. 合理性
13. 原始凭证的合法性审核的内容包括（　　）。
A. 是否符合国家有关政策、法规和制度等规定
B. 是否符合规定的审核权限
C. 是否符合规定的审核程序
D. 有无财务主管核准的签章
14. 下列凭证中，不属于累计原始凭证的是（　　）。
A. 销货发票　　B. 材料验收单　　C. 银行付款通知　　D. 限额领料单
15. 下列说法正确的是（　　）。
A. 从个人取得的原始凭证，必须有填制人员的签名或盖章
B. 对于已预先印有编号的原始凭证，在写错时不需进行任何处理，但不得撕毁
C. 外来原始凭证遗失时，只需取得原签发单位盖有公章的证明，可代作原始凭证
D. 会计凭证具有监督经济活动、控制经济运行的作用

16. 行政科郑强出差回来，报销差旅费 1 900 元，原来预借 1 500 元，财务补付现金 400 元，这笔业务应该编制的记账凭证有（　　）。

A. 付款凭证　B. 收款凭证　C. 转账凭证　D. 通用记账凭证

17. 下列项目中，属于记账凭证的有（　　）。

A. 收款凭证　B. 科目汇总表　C. 汇总收款凭证　D. 转账凭证

18. 记账凭证按与货币收付业务是否有关，分为（　　）。

A. 汇总记账凭证 B. 收款凭证　C. 付款凭证　D 转账凭证

19. 记账凭证审核的主要内容有（　　）。

A. 项目是否齐全　B. 科目是否正确

C. 内容是否真实　D. 数量是否正确

20. 下列说法正确的有（　　）。

A. 已经登记入账的记账凭证，在当年内发现填写错误时，直接用蓝字重新填写一张正确的记账凭证即可

B. 发现以前年度记账凭证有错误的，可以用红字填写一张与原内容相同的记账凭证，再用蓝字重新填写一张正确的记账凭证

C. 如果会计科目没有错误，只是金额错误，也可以将正确数字与错误数字之间的差额，另填制一张调整的记账凭证，调增金额用蓝字，调减金额用红字

D. 发现以前年度记账凭证有错误的，应当用蓝字填制一张更正的记账凭证

21. 专用记账凭证按其所反映的经济业务是否与库存现金和银行存款有关，通常可以分为（　　）。

A. 收款凭证　B. 付款凭证

C. 转账凭证　D. 结算凭证

22. 关于记账凭证和原始凭证，下列说法正确的有（　　）。

A. 记账凭证将原始凭证中的一般数据转化为会计语言

B. 原始凭证根据实际发生或已完成的经济业务填制

C. 原始凭证是进行会计核算的原始资料和重要依据

D. 原始凭证记录的是经济信息，记账凭证记录的是会计信息

23. 影响会计凭证传递的因素有（　　）。

A. 企业生产组织的特点　B. 企业经济业务的内容

C. 企业管理的要求　D. 规定的保管期限

24. 可以作为记账凭证编制依据的有（　　）。

A. 一次凭证　B. 累计凭证

C. 原始凭证汇总表　D. 收款凭证

25. 按照《会计档案管理办法》的规定，保管期限为 15 年的有（　　）。

A. 原始凭证　B. 记账凭证

C. 银行对账单　D. 汇总凭证

三、判断题（判断正误，把你认为正确的在题后的括号内打“√”，错误的打“×”。）

1. 记账凭证是根据账簿记录填制的。（　　）

2. 只要是真实的原始凭证，就可以以此编制记账凭汪。（　　）

3. 原始凭证记载的各项内容均不得更改。（　　）

4. 在证明经济业务发生，据以编制记账凭证的作用方面，自制原始凭证与外来原始凭证具有同等效力。（　　）

5. 对不真实、不合法的原始凭证，会计人员有权不予接受，对记载不准确、不完整的原始凭证，会计人员有权要求其重填。（ ）

6. 累计凭证一般为自制原始凭证。（ ）

7. 从外单位取得的原始凭证，可以没有公章，但必须要有经办人员的签名或盖章。（ ）

8. 单式记账凭证是依据单式记账法填制的。（ ）

9. 单位自制的原始凭证必须要有经办单位领导或者其他指定的人员签名或盖章；对外开出原始凭证必须加盖本单位公章；从外部取得的原始凭证，必须盖有填制单位的公章；从个人取得的原始凭证，必须有填制人员的签名或盖章。（ ）

10. 原始凭证所有大写金额到元、角或分为止的，后面要写“整”或“正”字。（ ）

11. 发现以前年度记账凭证有错误，不必用红字冲销，直接用蓝字填制一张更正的记账凭证。（ ）

12. 复式凭证是指将多笔经济业务所涉及的全部会计科目及其内容在同一张记账凭证中反映的记账凭证。（ ）

13. 专用记账凭证，一般适用于企业规模较小，经济业务不多的单位。（ ）

14. 每张会计凭证的后面至少要附有一张原始凭证。（ ）

15. 记账凭证的填制日期与原始凭证的填制日期必须相同。（ ）

16. 单式凭证是根据一次凭证编制的。（ ）

17. 转账凭证是根据有关转账业务的原始凭证编制的。（ ）

18. 收款凭证贷方内容可能为“库存现金”或“银行存款”。（ ）

19. 记账凭证按其填制方式不同，分为一次凭证和累计凭证。（ ）

20. 保管期满的会计凭证，可按规定程序销毁。（ ）

四、综合题

1. 【资料】2017 年 2 月 3 日，新兴公司（开户行：中国工商银行东山路支行，银行账号：23218876338787，法人代表：赵凯）出纳员刘小红开出一张转账支票 11 700 元，用于向东方公司偿还前欠货款。

【要求】请完成该张转账支票的填写工作（为保证资料的完整性，将企业公章和法人章在填制资料前就体现出来了。但在实际工作中，一定要注意，填完所有资料后，由会计主管人员核对无误后加盖公章），如图 4-6 所示。

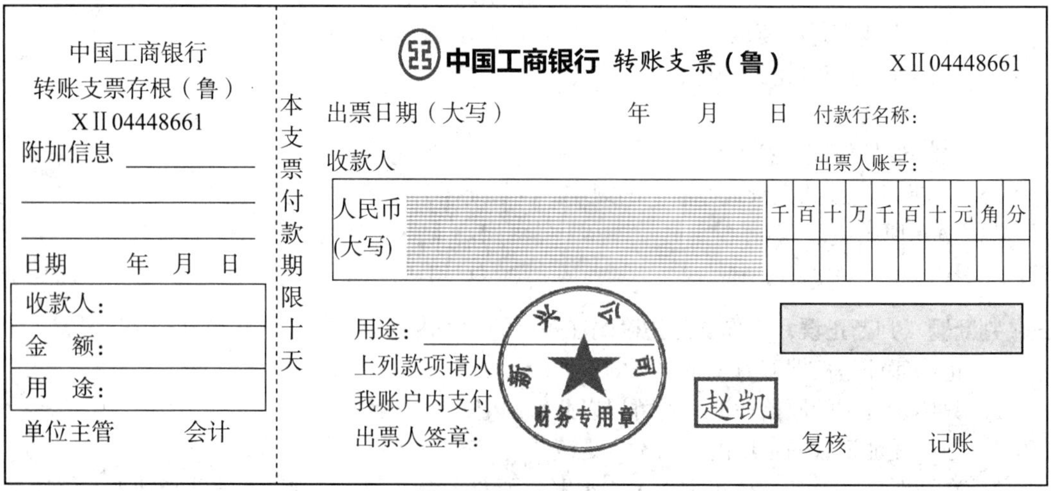

图 4-6 转账支票

2. 【资料】2017 年 2 月 3 日，新兴公司采购部门周慧中准备去青岛参加采购谈判。预借差旅费 2 000 元。

【要求】根据以上资料，请完成借款单的填写，如图 4-7 所示。

借　款　单

年　月　日

借款单位：		
借款理由：		
借款数额：人民币（大写）　　¥________		
本部门负责人意见：		借款人：
会计主管核批：	付款方式：	出纳：

图 4-7　借款单

3. 【资料】2017 年 2 月 6 日，新兴公司（开户行：中国工商银行东山路支行，银行账号：23218876338787）收到转账支票（号码：9856409112346542）一张，系山东新龙有限公司（开户行：中国工商银行枣庄分行，银行账号：097675511123）偿还前欠货款 80 000 元。

【要求】根据以上资料，请代出纳员刘小红完成下列进账单（见图 4-8）及收据（见图 4-9）的填写。（在收据中，为保证资料的完整性，将企业公章在填制资料前就体现出来了。但在实际工作中，一定要注意，填完所有资料并核对无误后，由收款人在场的前提下加盖公章）

中国工商银行　进账单　（回单）1

年　月　日

出票人	全　称		收款人	全　称	
	账　号			账　号	
	开户银行			开户银行	

		亿	千	百	十	万	千	百	十	元	角	分
金额	人民币（大写）											

票据种类		票据张数		开户银行签章
票据号码				
复核　　记账				

此联是开户银行交给持(出)票人的回单

图 4-8　银行进账单

收　款　收　据

年　月　日　　　　No　0806996

缴款单位或个人:	收款方式:
人民币（大写）　　¥________	
收款事由：	

第二联　记账联

单位盖章　　会计主管：　　记账：　　出纳：　　审核：　　经办：

新兴公司 财务专用章

图 4-9　收款收据

4. 【资料】2017 年 2 月 7 日，新兴公司（一般纳税人）销售给四川阳光有限公司 A 产品 1 000 件，单价为 800 元/件，款项暂未收到。

新兴公司资料如下：

纳税人识别号：320600238724123

地　　　　址：山东省枣庄市天一路 30 号

开户行及账户：中国工商银行枣庄东山路支行　23218876338787

四川阳光有限公司资料如下：

纳税人识别号：510107746437576

地　　　　址：四川省绵阳市黄山路 34 号

开户行及账户：中国建设银行四川绵阳支行　33870008993

【要求】根据以上资料，请代开票员高慧完成下列增值税专用发票的填写工作，如图 4-10 所示。（为保证资料的完整性，将企业公章在填制资料前就体现出来了。但在实际工作中，一定要注意，填完所有资料并核对无误后，由收款人在场的前提下加盖公章）

3200052170　　　　山东省增值税专用发票　　　　**NO. 03178149**

记账联

开票日期：

购货单位	名　　称： 纳税人识别号： 地 址、电 话： 开户行及账户：				密码区	8*0281<>>/30928-/48+ 4<+68<->098*92</2 <+368>7>940-+384 +786-/5848<5*+27>>		加密版本： 01 3200052 0317814
货物或应税劳务名称 合　计	规格型号	单位	数量	单价	金 额	税率	税额	
价税合计（大写）					（小写）¥			
销货单位	名　　称： 纳税人识别号： 地 址、电 话： 开户行及账户：				备注			

第一联　记账联　销货方记账凭证

收款人：　　　复核人：　　　开票人：　　　销货单位：（章）

图 4-10　增值税专用发票

5. 【资料】2017 年 2 月 8 日，新兴公司 1 号基本生产车间因生产 A 产品需要，周刚经领导孔军批准，领用“005 号”甲材料 60 千克，每千克的实际成本为 100 元，2 号仓库仓库保管员赵伟如数发货。

【要求】根据以上资料，请完成下列领料单（见图 4-11）的填写。

新 兴 公 司 领 料 单　　　　**№ 52138703**

领料单位：　　　　年　　月　　日　　　　发料仓库：

材料类别	编号	名称	规格型号	单位	数量		单价	金额	用途
					请领	实领			
		合　计							
备注									

此联　记账联

审批：　　　保管员：　　　记账：　　　领料人：

图 4-11　领料单

6. 【资料】2017 年 2 月 8 日，新兴公司采购部门周慧中去青岛出差回来，报销差旅费，并结清借款。

出差时间：2 月 4 日—7 日；2 张车票（枣庄↔青岛）共计 300 元。1 张住宿费发票金额为 840 元。

公司规定：出差期间市内交通费每天补贴 80 元，伙食补贴每天 100 元，且均按自然天数计算。住宿费按实际住宿天数计算，每天定额 300 元，以发票为据报销，超标准部分不予报销。

【要求】根据以上资料，请完成差旅费报销单的填写，如图 4-12 所示。

差 旅 费 报 销 单

单位：　　　　　　　　　　　　年　　月　　日

<table>
<tr><td colspan="2">姓　名</td><td colspan="3"></td><td colspan="2">出差事由</td><td colspan="5"></td></tr>
<tr><td rowspan="2">起止日期</td><td rowspan="2">出发地</td><td rowspan="2">到达地</td><td colspan="2">市内交通补助</td><td colspan="2">伙食补贴</td><td colspan="2">车/船/机票</td><td rowspan="2">住宿费
（___天）</td><td rowspan="2">合计
金额</td></tr>
<tr><td>天数</td><td>金额</td><td>天数</td><td>金额</td><td>张数</td><td>金额</td></tr>
<tr><td></td><td></td><td></td><td></td><td></td><td></td><td></td><td></td><td></td><td></td><td></td></tr>
<tr><td></td><td></td><td></td><td></td><td></td><td></td><td></td><td></td><td></td><td></td><td></td></tr>
<tr><td colspan="3">合　　计</td><td></td><td></td><td></td><td></td><td></td><td></td><td></td><td></td></tr>
<tr><td colspan="11">报销金额合计人民币（大写）：　　　　　　　　　　¥________</td></tr>
<tr><td colspan="5">预借金额：¥________</td><td colspan="6">结余或超支：¥________</td></tr>
</table>

附单据　　张

单位负责人：　　　会计主管：　　　会计：　　　出纳员：　　　出差人：

图 4-12　差旅费报销单

7. 根据前述 6 笔业务所涉及的原始凭证，编制通用的记账凭证，并按照正确的方法进行装订。

项目五

会计账簿

模块一 会计账簿概述

知识要点

1. 会计账簿的概念和作用；
2. 会计账簿与账户的关系；
3. 会计账簿的基本内容；
4. 会计账簿的三种分类方式。

学习导航

1. 学习会计账簿的含义，要把握账簿的概念，正确理解账户和账簿的关系，明确合理地设置和登记账簿，是重要的会计核算基础工作，是会计核算的专门方法之一，对加强企业经济核算、改善和提高经营管理有着重要的意义。

2. 学习会计账簿的基本内容，主要把握账簿应具备的基本内容：封面、扉页和账页。注意每项基本内容应载明的具体内容。

3. 学习会计账簿的种类，主要掌握账簿按用途分类、按外形特征分类和按账页格式分类三种分类方式。账簿按其用途不同，可分为序时账簿、分类账簿和备查账簿。按其外形特征不同，可分为订本式账簿、活页式账簿和卡片式账簿。按其账页格式不同，可分为三栏式账簿、多栏式账簿、数量金额式账簿和横线登记式账簿。注意各种分类方式下的适用范围。

同步练习

一、单项选择题（本大题在每小题列出的四个选项中，只有一项符合题目要求，请将符合题目要求的选项选出。）

1. 对账簿的理解，下列说法错误的是（　　）。

A. 账簿中的每一账页就是账户的存在形式和信息载体
B. 账簿和账户的关系，是形式和内容的关系
C. 账户是在账簿中以规定的会计科目开设的户头
D. 账簿和账户在本质上没有必然联系

2. 下列有关账簿不属于按用途分类的是（　　）。

A. 横线登记式账簿　　B. 序时账簿
C. 分类账簿　　D. 备查账簿

3. 按经济业务发生或完成时间的先后顺序进行登记的账簿是（　　）。

A. 序时账簿　B. 分类账簿　C. 备查账簿　D. 活页式账簿

4. 下列账簿中，所提供的核算信息能作为编制财务报表主要依据的是（　　）。

A. 序时账簿　B. 备查账簿

C. 分类账簿　D. 横线登记式账簿

5. 对某些在序时账簿和分类账簿等主要账簿中不进行登记或者登记不够详细的经济业务事项进行补充登记时使用的账簿是（　　）。

A. 序时账簿　B. 备查账簿　C. 分类账簿　D. 横线登记式账簿

6. “可以避免账页散失，防止账页被随意抽换”的表述，指的是（　　）。

A. 序时账簿　B. 卡片式账簿　C. 活页式账簿　D. 订本式账簿

7. 下列账簿一般采用多栏式账簿的是（　　）。

A. 总分类账　B. 债权债务类明细账

C. 原材料明细账　D. 收入、成本、费用类明细账

8. 下列明细账中，允许采用卡片式账簿的是（　　）。

A. 固定资产明细账　B. 实收资本明细账

C. 债权债务类明细账　D. 收入、成本、费用类明细账

9. 下列明细账中，可以采用横线登记式账簿的是（　　）。

A. 原材料明细账　B. 固定资产明细账

C. 材料采购明细账　D. 管理费用明细账

10. 下列账簿属于备查账簿的是（　　）。

A. 银行存款日记账簿　B. 固定资产卡片账簿

C. 销售费用活页账簿　D. 租入固定资产登记簿

二、多项选择题（本大题在每小题列出的四个选项中，有两项或两项以上符合题目要求，请将符合题目要求的选项选出。）

1. 账簿是（　　）。

A. 连续、系统、全面地记录各项经济业务的簿籍

B. 由封面、扉页和若干账页组成

C. 会计信息形成的重要环节

D. 会计资料的重要组成部分

2. 通过账簿记录（　　）。

A. 对经济活动进行序时核算　B. 对经济活动进行分类核算

C. 提供各项总括的核算资料　D. 提供明细核算资料

3. 通过设置和登记账簿，（　　）。

A. 可以系统归纳和积累会计核算资料，为改善企业经营管理、合理使用资金提供资料

B. 可以为掌握单位财务状况、计算财务成果及编制财务报表提供依据

C. 为开展财务分析和会计检查提供依据

D. 可以直接给单位带来经济效益

4. 账簿按用途分类，包括（　　）。

A. 序时账簿　B. 分类账簿　C. 备查账簿　D. 活页式账簿

5. 账簿按外表形式分类，可分为（　　）。

A. 订本式账簿　B. 活页式账簿　C. 卡片式账簿　D. 横线登记式账簿

6. 账簿按账页格式分类，可分为（　　）。
A. 三栏式账簿　B. 多栏式账簿　C. 数量金额式账簿　D. 横线登记式账簿
7. 账簿应具备的基本构成内容包括（　　）。
A. 封面　B. 封底　C. 扉页　D. 账页
8. 下列账簿可以采用数量金额式明细账的有（　　）。
A. 原材料明细账　B. 实收资本明细账
C. 库存商品明细账　D. 短期借款明细账
9. 下列账簿应采用订本式账簿的有（　　）。
A. 总分类账　B. 存货类明细账
C. 银行存款日记账　D. 收入、成本、费用类明细账
10. 多栏式账簿，根据经济业务的内容和管理的需要，可以（　　）。
A. 按"借方"和"贷方"分别设专栏　B. 只设"借方"专栏
C. 在"余额栏"分设专栏　D. 只设"贷方"专栏

三、判断题（判断正误，把你认为正确的在题后的括号内打"√"，错误的打"×"。）

1. 账户存在于账簿之中，账簿中的每一账页就是账户的存在形式和信息载体。（　　）
2. 每个单位都应按照国家统一的会计制度和经济业务的需要设置和登记会计账簿。（　　）
3. 登记账簿是会计核算的专门方法之一。（　　）
4. 普通日记账包括库存现金日记账和银行存款日记账。（　　）
5. 从序时账和分类账的作用看，序时账比分类账更重要。（　　）
6. 在实际工作中，序时账簿和分类账簿可以结合为一本，既进行序时登记，又进行总分类登记，称为"联合账簿"。（　　）
7. 活页账的优点是记账时可以根据实际需要，随时将空白账页装入账簿，或抽去不需要的账页，节约纸张，便于分工记账。（　　）
8. 多栏式账簿有时可以只设"借方"专栏，当发生"贷方"金额时，是无法登记多栏式账簿的，所以应在"借方"和"贷方"分设专栏。（　　）
9. 横线登记式账簿是指账页分为"借方"和"贷方"两个基本栏目，每个栏目再根据需要分设若干栏次，在账页两方的同一行记录某一经济业务自始至终所有事项的账簿。（　　）
10. 为了便于统一、便于管理、便于汇总，必须规范所有账簿的格式为同一格式，任何单位不得随意设置。（　　）

模块二　账簿的设置和登记

知识要点

1. 会计账簿的启用要求；
2. 会计账簿的登记要求；
3. 日记账的设置和登记；
4. 明细账的设置和登记；
5. 总账的设置和登记；
6. 总账和明细账的平行登记。

学习导航

1. 学习会计账簿的启用和登记要求，主要掌握账簿的启用要求和登记要求。启用账簿应遵守以下要求：认真填写封面及账簿启用表，顺序编定页码，严格交接手续。登记账簿应遵守以下要求：根据审核无误的会计凭证登记账簿，准确完整，书写留空，顺序连续登记，正确使用蓝黑墨水和红墨水，结计余额规范，过次承前规范，更正错误规范。

2. 学习日记账的设置和登记，要明确日记账的设置，主要掌握库存现金日记账和银行存款日记账的登记依据、账页格式和登记方法。

3. 学习明细账的设置和登记，要明确明细账的设置，主要掌握三栏式明细账、数量金额式明细账、多栏式明细账和横线登记式明细账的登记依据、账页格式和登记方法。

4. 学习总账的设置和登记，要明确总账的设置，主要掌握总账的格式和登记方法。

5. 学习总账与明细账的平行登记，要熟练掌握总账与明细账的关系，掌握总账与明细账的平行登记要点，即同依据登记、同期间登记、同方向登记、同金额登记。编制“总账与明细账发生额及余额对照表”的目的，就是检查总账金额与所属的明细账金额是否相等，以此来判断账簿记录是否正确，以便及时发现错账并加以更正，保证账簿记录的准确无误。

同步练习

一、单项选择题（本大题在每小题列出的四个选项中，只有一项符合题目要求，请将符合题目要求的选项选出。）

1. 登记账簿的依据是（　　）。
   A. 完整的记账凭证　　B. 完整的原始凭证
   C. 审核的记账凭证　　D. 审核无误的会计凭证

2. 为了方便更正记账和查账，为改错留有空间，书写的文字和数字一般应占格距的（　　）。
   A. 1/4　　B. 1/2　　C. 3/4　　D. 满格

3. 结计余额时，如果没有余额，则在“借或贷”栏内（　　）。
   A. 写“平”字　　B. 写“0”字　　C. 写“无”字　　D. 什么也不写

4. 需要结计本月发生额的账户，“过次页”的本页合计数应为（　　）。
   A. 自本页第一行起至本页末止的合计数
   B. 自年初起至本页末止的累计数
   C. 自本月初起至本页末止的发生额合计数
   D. 自本季初起至本页末止的累计数

5. 现金日记账和银行存款日记账的登记人员是（　　）。
   A. 会计主管　　B. 一般会计人员　　C. 出纳人员　　D. 会计机构负责人

6. 下列账簿中，需要每日进行账实核对的是（　　）。
   A. 库存现金日记账　　B. 银行存款日记账
   C. 原材料明细账　　D. 库存商品明细账

7. 既进行金额明细核算，又进行数量明细核算的账户需要设置的账簿是（　　）。
   A. 数量金额式明细账　　B. 三栏式明细账
   C. 多栏式明细账　　D. 横线登记式明细账

8. 只记金额、不记数量，且在管理上需要了解其构成内容的明细账应设置（　　）。
   A. 数量金额式明细账　　B. 三栏式明细账
   C. 多栏式明细账　　D. 横线登记式明细账

9. 下列账簿中，任何单位都必须设置的是（　　）。
   A. 备查账　　B. 总分类账　　C. 多栏式明细账　　D. 横线登记式明细账

10. 关于总账和明细账的关系，下列表述正确的是（　　）。
A. 作用相同　　B. 反映经济内容的详细程度相同
C. 反映经济业务的内容不同　　D. 登记账簿的原始依据相同

二、多项选择题（本大题在每小题列出的四个选项中，有两项或两项以上符合题目要求，请将符合题目要求的选项选出。）

1. 启用账簿和办理交接时必须（　　）。
A. 认真填写账簿封面　　B. 认真填写账簿启用表
C. 顺序编定页码　　D. 严格交接手续
2. 下列属于账簿登记规则的是（　　）。
A. 根据审核无误的会计凭证登记账簿　　B. 不得使用红色墨水登记账簿
C. 结计余额规范　　D. 可以使用药水消除字迹
3. 现金日记账和银行存款日记账（　　）。
A. 由出纳人员登记　　B. 一般采用订本式账簿和三栏式账页
C. 逐日逐笔序时登记　　D. 根据审核后的收、付款记账凭证登记
4. 现金日记账的登记依据有（　　）。
A. 现金收支的原始凭证　　B. 现金收款凭证
C. 现金付款凭证　　D. 银行存款付款凭证
5. 银行存款日记账的登记依据有（　　）。
A. 银行存款收支的原始凭证　　B. 银行存款收款凭证
C. 银行存款付款凭证　　D. 现金付款凭证
6. 明细分类账的账页格式主要有（　　）。
A. 三栏式　　B. 多栏式　　C. 数量金额式　　D. 横线登记式
7. 三栏式明细账的登记依据可能是（　　）。
A. 记账凭证　　B. 所附的原始凭证
C. 所附的原始凭证汇总表　　D. 所附的购销合同
8. 下列账簿中，可以在借、贷两方均设专栏的多栏式明细账包括（　　）。
A. 生产成本　　B. 本年利润
C. 利润分配　　D. 应交税费——应交增值税
9. 总账与明细账的平行登记要点包括（　　）。
A. 同依据登记　　B. 同期间登记　　C. 同方向登记　　D. 同金额登记
10. 总账与明细账平行登记要点中的“同金额登记”的金额相等关系包括（　　）。
A. 总账期初余额=所属各明细账期初余额之和
B. 总账借方发生额=所属各明细账借方发生额之和
C. 总账贷方发生额=所属各明细账贷方发生额之和
D. 总账期末余额=所属各明细账期末余额之和

三、判断题（判断正误，把你认为正确的在题后的括号内打“√”，错误的打“×”。）

1. 企业、行政事业单位都应该设置库存现金日记账和银行存款日记账，为了防止弊端，必须采用订本式账簿，不得用银行对账单或者其他方法代替日记账。（　　）

2. 为简化核算，可以不设置和登记银行存款日记账，用银行对账单代替。（　　）

3. 每日终了，应计算全日的现金收入、支出合计数，并逐日结出库存现金余额，与库存现金实存数核对，以检查每日现金收付是否有误。（　　）

4. 数量金额式明细账一般由会计人员根据记账凭证及所附的收料单、领料单、限额领料单、入库单、发货单等收发凭证逐笔登记，可以在期末一次性结出结存数量。（　　）

5. 依据审核无误的会计凭证登记账簿，是基本的记账规则。（　　）

6. 记账后，要在记账凭证上签章并注明所记账簿的页数，或画“√”表示已经登记入账，避免重记、漏记。（　　）

7. 如果发生跳行、隔页，应当将空行、空页用红色墨水笔画对角线注销，并注明“作废”字样，或者注明“此行空白”、“此页空白”字样，并由经办人员盖章，以明确经济责任。（　　）

8. 需要结计本月发生额的账户，“过次页”的本页合计数应为自本页第一行起至本页末止的发生额合计数。（　　）

9. 债权债务类明细账在每次记账后，都要随时结计余额。（　　）

10. 任何单位都必须设置总分类账。（　　）

四、业务题

1.【资料】凯虹公司201×年3月月末的现金日记账余额为2 200元，4月份发生有关现金的经济业务（不考虑增值税）如下：

（1）1日，从银行提取现金3 000元备用；

（2）1日，业务员李庚出差预借差旅费3 200元，用现金支付；

（3）1日，以现金200元购买办公用品一批，由厂办直接使用；

（4）1日，收到零星的废纸销售收入300元；

（5）5日，行政部门发生修理费150元，用现金支付；

（6）12日，从银行提取现金20 000元，备发工资薪金；

（7）12日，用现金发放工资薪金20 000元；

（8）15日，业务员李庚出差归来，报销差旅费3 400元，不足部分付给现金；

（9）28日，因职工李帅家庭困难，以现金300元支付职工生活困难补助。

【要求】根据以上有关现金的经济业务，填制有关的专用记账凭证（自备记账凭证），登记现金日记账，如表5-1所示，并结账。

表5-1　现金日记账　　第05页

201×年		凭证		摘要	对方科目	收入									支出									结余								
月	日	字	号			百	十	万	千	百	十	元	角	分	百	十	万	千	百	十	元	角	分	百	十	万	千	百	十	元	角	分
3	31			月末余额																							2	2	0	0	0	0

2.【资料】凯虹公司201×年4月末的“应收账款”总账及明细账期末余额如表5-2所示。

表5-2　“应收账款”总账及明细账期末余额表　　单位：元

总账名称	明细账名称	期末余额	
		总账余额	明细账余额
应收账款		*690 000*	
	嘉华公司		*304 000*
	康兴公司		*266 000*
	鸿威公司		*120 000*
合　计		*690 000*	*690 000*

5月份发生有关应收账款的经济业务如下：

（1）6日，收回嘉华公司的前欠货款304 000元，存入银行；

（2）8日，向康兴公司出售产品，发票账单上注明价款200 000元，增值税税款34 000元；产品已发出，价税款均未收到；

（3）10日，向嘉华公司销售产品，发票账单上注明价款100 000元，增值税税款17 000元；产品已发出，收到部分价税款80 000元，其余价税款尚未收到；

（4）12日，收回鸿威公司的部分前欠货款90 000元，存入银行；

（5）20日，收到康兴公司的货款300 000元，存入银行，其中包括前欠货款266 000元和本月的部分货款34 000元；

（6）22日，收回鸿威公司的前欠剩余货款30 000元，存入银行。

【要求】根据以上资料填制有关的专用记账凭证（自备记账凭证），登记应收账款总账及所属的明细账（见表5-3～表5-6），并编制应收账款总账与明细账发生额及余额对照表（见表5-7）。

表5-3　总分类账

账户名称：应收账款

201×年		凭证号数	摘要	借方金额										贷方金额										借或贷	余额									
月	日			千	百	十	万	千	百	十	元	角	分	千	百	十	万	千	百	十	元	角	分		千	百	十	万	千	百	十	元	角	分

表5-4　应收账款明细账

明细账户：________　　第××页

201×年		凭证		摘要	借方金额									贷方金额									借或贷	余额								
月	日	字	号		百	十	万	千	百	十	元	角	分	百	十	万	千	百	十	元	角	分		百	十	万	千	百	十	元	角	分

表 5-5 应收账款明细账

明细账户：__________ 第××页

201×年		凭证		摘要	借方金额									贷方金额									借或贷	余额								
月	日	字	号		百	十	万	千	百	十	元	角	分	百	十	万	千	百	十	元	角	分		百	十	万	千	百	十	元	角	分

表 5-6 应收账款明细账

明细账户：__________ 第××页

201×年		凭证		摘要	借方金额									贷方金额									借或贷	余额								
月	日	字	号		百	十	万	千	百	十	元	角	分	百	十	万	千	百	十	元	角	分		百	十	万	千	百	十	元	角	分

表 5-7 “应收账款”总账与明细账发生额及余额对照表

账户名称	期初余额		本期发生额		期末余额	
	借方	贷方	借方	贷方	借方	贷方
嘉华公司明细账						
康兴公司明细账						
鸿威公司明细账						
明细账金额合计						
总账金额						

模块三 错账的查找和更正方法

知识要点

1. 顺查法；
2. 逆查法；
3. 个别抽查法（包括差数法、尾数法、除 2 法和除 9 法）；
4. 划线更正法；
5. 红字更正法；
6. 补充登记法。

学习导航

1. 学习错账的查找方法，应熟悉并会运用错账查找的方法，包括顺查法、逆查法和个别抽查法；重点掌握个别抽查法中的各种方法，包括差数法、尾数法、除2法和除9法。注意各种查找方法的适用范围。

2. 学习错账的更正方法，主要掌握各种更正方法，包括划线更正法、红字更正法和补充登记法的含义；熟练掌握这些更正方法的适用范围和具体做法。要注意在编制记账凭证并入账后，如果发现银行存款存在金额错误，不能采用红字部分更正法和补充登记法，而应该采用红字全部更正法，以避免与银行对账时产生不必要的麻烦。

同步练习

一、单项选择题（本大题在每小题列出的四个选项中，只有一项符合题目要求，请将符合题目要求的选项选出。）

1. 按照账务处理的顺序，从原始凭证开始，到编制记账凭证，再到登记账簿和编制试算平衡表，对此全过程进行查找，这种错账查找的方法是（　　）。

A. 逆查法　B. 顺查法　C. 个别抽查法　D. 工作表法

2. 根据账簿记录差错常见的规律，推测与差错有关的记录而进行的查找，这种查找错账的方法是（　　）。

A. 试算平衡法　B. 顺查法　C. 逆查法　D. 个别抽查法

3. 按照账务处理的顺序，从试算平衡表开始，到账簿记录，再到会计凭证的过程进行查找，这种错账查找的方法是（　　）。

A. 工作表法　B. 顺查法　C. 逆查法　D. 个别抽查法

4. “除2法”适用于（　　）。

A. 一方正常登记，另一方漏记　B. 记错方向

C. 将数字记大　D. 相邻数字颠倒

5. 借助于“相邻数字颠倒便查表”进行查找错账的方法是（　　）。

A. 除9法　B. 除2法　C. 差数法　D. 尾数法

6. 采用个别抽查法进行错账查找，如果发现同一账户记录中，有两个相同数字并与其差额相等时，有可能就是（　　）。

A. 一方数字漏记　B. 一方数字重记

C. 数字颠倒　D. 数字错位

7. 在选择错账的更正方法时，如果是“记账凭证填制正确，在记账或结账过程中发现账簿记录中文字或数字有错误”，应采用的错账更正方法是（　　）。

A. 红字全部更正法　B. 红字部分更正法

C. 划线更正法　D. 补充登记法

8. 为了便于和银行对账，对涉及有关银行存款的错误凭证，在记账以后，无论是记多了，还是记少了，在选择错账更正方法时，应选择（　　）。

A. 划线更正法　B. 红字全部更正法

C. 红字部分更正法　D. 补充登记法

9. 在选择错账的更正方法时，如果是“记账以后，发现记账凭证中会计科目及借贷方向没有错误，只是所记金额小于应记金额”，通常应采用的错账更正方法是（　　）。

A. 补充登记法　B. 红字更正法　C. 划线更正法　D. 试算平衡法

10. 在选择错账的更正方法时，如果是“记账以后，发现记账凭证中会计科目及借贷方向没有错误，只是所记金额大于应记金额”，通常应采用的错账更正方法是（　　）。

A. 划线更正法　　B. 红字部分更正法
C. 红字全部更正法　　D. 补充登记法

二、多项选择题（本大题在每小题列出的四个选项中，有两项或两项以上符合题目要求，请将符合题目要求的选项选出。）

1. 在日常的会计核算中，错账的查找方法包括（　　）。

A. 顺查法　　B. 逆查法　　C. 个别抽查法　　D. 试算平衡法

2. 如果账簿记录发生了错误，不得采用的更正方法包括（　　）。

A. 涂改　　B. 重抄　　C. 挖补　　D. 药水消除字迹

3. 在查找错账过程中，如果查找的范围大、时间长和工作量大，通常采用（　　）。

A. 除 2 法　　B. 顺查法　　C. 逆查法　　D. 除 9 法

4. 在查找错账过程中，如果查找的范围小、时间短和工作量小，通常采用（　　）。

A. 除 2 法　　B. 顺查法　　C. 逆查法　　D. 除 9 法

5. 采用“除 9 法”查找错账，可能发生的记账错误包括（　　）。

A. 将数字写小　　B. 将数字写大　　C. 记错方向　　D. 倒码

6. 采用“差数法”查找错账，可能发生的记账错误包括（　　）。

A. 一方正常登记，另一方重记　　B. 整笔重记
C. 一方正常登记，另一方漏记　　D. 整笔漏记

7. 在选择错账更正方法时，“划线更正法”主要适用于（　　）。

A. 记账凭证填制正确，记账过程的账簿记录文字错误
B. 记账凭证填制正确，记账过程的账簿记录数字错误
C. 记账凭证填制正确，结账过程的账簿记录数字错误
D. 记账凭证填制错误，记账或结账过程的账簿记录错误

8. 下列错账，可以采用“红字更正法”的有（　　）。

A. 记账以后，发现记账凭证的会计科目错误
B. 记账以后，发现记账凭证的借贷方向错误
C. 记账以后，发现记账凭证的金额错误
D. 记账以前，发现记账凭证的会计科目、记账方向或金额错误

9. 为了便于和银行对账，对涉及有关银行存款的错误凭证，在记账以后，无论是记多了，还是记少了，在选择错账更正方法时，一般不采用（　　）。

A. 划线更正法　　B. 红字全部更正法
C. 红字部分更正法　　D. 补充登记法

10. 进行错账更正时，常用的错账更正方法包括（　　）。

A. 划线更正法　　B. 红字更正法　　C. 补充登记法　　D. 试算平衡法

三、判断题（判断正误，把你认为正确的在题后的括号内打“√”，错误的打“×”。）

1. 账簿是重要的经济档案，应保持整洁、正确、清楚，如果账簿记录发生错误，不允许用涂改、挖补、刮擦、药水消除字迹等方法更正错误，也不允许重抄。（　　）

2. 顺查法和逆查法一般是在采用其他错账查找方法发现错误而查找不到错误的情况下才采用的。（　　）

3. 按照账务处理的顺序，从试算平衡表开始，到账簿记录，再到会计凭证的过程进行查找错账的方法为顺查法。 （ ）

4. 个别抽查法是根据账簿记录差错常见的规律，推测与差错有关的记录而进行查找的一种技术方法。 （ ）

5. 采用“划线更正法”，对于文字的错误，可以只划去错误的部分，并更正错误的部分。对于错误的数字，应当全部画红线更正，不能只更正其中的个别错误数码。 （ ）

6. 如果记账凭证中的文字或数字发生错误，在尚未过账前，应重新填制记账凭证，而不能采用划线更正法更正。 （ ）

7. 如果记账以后发现记账凭证中的会计科目错误或金额错误，不能重新填制记账凭证，而应采用划线更正法更正。 （ ）

8. 补充登记法的具体做法：将少记金额用蓝黑字填制一张与原错误记账凭证会计科目和借贷方向相同的记账凭证，在摘要栏内注明“补记×月×日第×号凭证”字样，并据以登记入账，使错账得以更正。 （ ）

9. 对采用补充登记法的错账更正，绝不能采用红字更正法进行更正。 （ ）

10. 为了便于和银行对账，对涉及银行存款的错误凭证，一般不使用红字部分更正法和补充登记法更正错误，通常使用红字全部更正法更正。 （ ）

四、业务题

【资料】凯虹公司201×年5月31日结账前的发生额试算平衡表如表5-8所示，尽管试算平衡表平衡，但在审核记账凭证时仍发现以下错误。

表5-8 结账前的发生额试算平衡表

201×年5月31日　　单位：元

会计科目	本期发生额	
	借方	贷方
银行存款	250 000	150 000
应收账款	261 000	714 000
原材料	362 000	216 000
库存商品	570 000	430 000
固定资产	820 000	320 000
无形资产	160 000	
应付账款	33 700	54 700
短期借款	102 800	134 300
应交税费	61 500	102 000
长期借款	39 000	109 000
实收资本		200 000
盈余公积		50 000
主营业务收入		600 000
主营业务成本	420 000	
合计	3 080 000	3 080 000

（1）5月8日，向康兴公司赊销产品一批，发票账单上注明价款200 000元，增值税34 000元，价税合计234 000元，记账凭证误记为224 000元，少记了增值税10 000元；假设当时登记该业务的记账凭证编号为转字第19号。

（2）5 月 21 日，赊购办公用的计算机一台（固定资产），发票账单上注明价款 10 000 元，增值税税额 1 700 元，误作为原材料登记入账，假设当时登记该业务的记账凭证编号为转字第 65 号。

（3）5 月 30 日，应结转销售成本 420 000 元，而记账凭证实际结转了销售成本 427 000 元，并已登记入账，假设当时登记该业务的记账凭证编号为转字第 88 号。

【要求】

（1）指出各笔错账的更正方法，并填制更正的记账凭证（见表 5-9 ~ 表 5-12）（仅填制更正的记账凭证，记账略；每项经济业务要选择是否填制更正的记账凭证，填制一张还是两张记账凭证；若填制的是红字记账凭证，请在记账凭证上将红字金额用"▭"框起来。更正错账前的最后一笔转账凭证编号为"转字第 90 号"）。

（2）编制结账后发生额试算平衡表，如表 5-13 所示。

以下是答题资料：

（1）错账的更正方法是____________。

更正的转账凭证如表 5-9 所示。

表 5-9　转 账 凭 证

年　月　日　　　　转字第　号

摘　要	总账科目	明细科目	借方金额									√	贷方金额									√
			百	十	万	千	百	十	元	角	分		百	十	万	千	百	十	元	角	分	
附件　　张		合　计																				

财务主管：×××　　稽核：×××　　记账：×××　　制单：×××

（2）错账的更正方法是____________。

更正的转账凭证如表 5-10 和表 5-11 所示。

表 5-10　转 账 凭 证

年　月　日　　　　转字第　号

摘　要	总账科目	明细科目	借方金额									√	贷方金额									√
			百	十	万	千	百	十	元	角	分		百	十	万	千	百	十	元	角	分	
附件　　张		合　计																				

财务主管：×××　　稽核：×××　　记账：×××　　制单：×××

表 5-11 转 账 凭 证

年 月 日 转字第 号

摘　要	总账科目	明细科目	借方金额									√	贷方金额									√
			百	十	万	千	百	十	元	角	分		百	十	万	千	百	十	元	角	分	
附件　　张		合　计																				

财务主管：××× 稽核：××× 记账：××× 制单：×××

（3）错账的更正方法是____________。

更正的转账凭证如表 5-12 所示。

表 5-12 转 账 凭 证

年 月 日 转字第 号

摘　要	总账科目	明细科目	借方金额									√	贷方金额									√
			百	十	万	千	百	十	元	角	分		百	十	万	千	百	十	元	角	分	
附件　　张		合　计																				

财务主管：××× 稽核：××× 记账：××× 制单：×××

表 5-13 结账后发生额试算平衡表

201×年 5 月 31 日 单元：元

会计科目	本期发生额	
	借　方	贷　方
银行存款		
应收账款		
原材料		
库存商品		
固定资产		
无形资产		
应付账款		
短期借款		
应交税费		
长期借款		
实收资本		
盈余公积		
主营业务收入		
主营业务成本		
合　计		

模块四　对账和结账

知识要点

1. 对账的含义及内容；
2. 账证核对的含义及意义；
3. 账账核对的含义、意义及内容；
4. 账实核对的含义、意义及内容；
5. 结账的含义及意义；
6. 结账前的准备工作；
7. 结账的方法。

学习导航

1. 学习对账，应明确对账的含义及内容，主要掌握账证核对、账账核对和账实核对的含义、意义及内容；要注意账账核对和账实核对的具体内容，包括核对依据、核对公式及核对方式等。

2. 学习结账，应理解结账的含义及意义，做好结账前的准备工作，熟练掌握结账的各种方法；要注意账簿更换的基本要求。

同步练习

一、单项选择题（本大题在每小题列出的四个选项中，只有一项符合题目要求，请将符合题目要求的选项选出。）

1. 在会计期末，将账簿记录的有关数字与会计凭证、各种实物资产及各账簿之间的有关数字所进行的核对工作称为（　　）。

A. 过账　　B. 清账　　C. 结账　　D. 对账

2. 对各项财产物资、债权债务和款项的账面余额与实有数额进行核对，属于（　　）。

A. 账实核对　　B. 账证核对　　C. 账账核对　　D. 账表核对

3. 企业的银行存款日记账与开户银行的银行对账单核对，属于（　　）。

A. 账实核对　　B. 账证核对　　C. 账账核对　　D. 账表核对

4. 企业的财产物资明细账与财产物资保管账的核对，属于（　　）。

A. 账实核对　　B. 账证核对　　C. 账账核对　　D. 账表核对

5. “总账记录的必然关系核对”其核对方式是（　　）。

A. 编制账户的“总账与明细账发生额及余额对照表”

B. 编制“试算平衡表”

C. 编制“财务报表”

D. 编制“银行存款余额调节表”

6. 在把一定时期内发生的全部经济业务登记入账的基础上，按规定的方法将各种账簿的记录进行小结，计算并记录各账户的本期发生额和期末余额，这个过程称为（　　）。

A. 过账　　B. 清账　　C. 对账　　D. 结账

7. 结账时，对于没有标明“借或贷”余额方向的账户，如出现负数余额，则（　　）。

A. 余额数字前加“–”　　B. 将数字用“□”框起来

C. 余额数字前加“借”或“贷”　　D. 用红字书写

8. 对于“结账线”，下列说法正确的是（　　）。

A. 月结画通栏单红线，季结和年结画通栏双红线

B. 月结、季结和年结均采用通栏单红线

C. 月结和季结画通栏单红线，年结画通栏双红线

D. 月结、季结和年结均采用通栏双红线

9. 年度终了结账后，有余额的账户，要将其余额结转到下一会计年度，并在摘要栏内注明的字样是（　　）。

A. “结转下年”　B. “结转上年”　C. “下年结转”　D. “上年结转”

10. 对上年度有余额的账户，在下一会计年度新建有关账簿的第一行余额栏内填写上年度结转的余额，并在摘要栏内注明的字样是（　　）。

A. “结转下年”　B. “接上年”　C. “下年结转”　D. “上年结转”

二、多项选择题（本大题在每小题列出的四个选项中，有两项或两项以上符合题目要求，请将符合题目要求的选项选出。）

1. 对账包括（　　）。

A. 账证核对　B. 账账核对　C. 账实核对　D. 账龄核对

2. 下列对账属于账证核对的有（　　）。

A. 账簿记录与记账凭证的核对　　B. 账簿记录之间的核对

C. 账簿记录与原始凭证的核对　　D. 账簿记录与实物的核对

3. 下列对账属于账账核对的有（　　）。

A. 总账记录的必然关系核对

B. 总账与所属明细账的核对

C. 总账与日记账的核对

D. 财产物资明细账与财产物资保管账的核对

4. 下列对账属于账实核对的有（　　）。

A. 库存现金日记账账面余额与库存现金实有数的核对

B. 银行存款日记账与开户银行的银行对账单的核对

C. 各种财产物资明细分类账账面数量、余额与财产物资的实存数的核对

D. 各种债权债务明细账的账面余额与有关债权、债务单位或个人账面记录的核对

5. 登记账簿作为会计核算的方法之一，主要包括（　　）。

A. 记账工作　B. 对账工作　C. 编表工作　D. 结账工作

6. 结账前的准备工作包括（　　）。

A. 必须检查本期发生的全部经济业务是否都已经填制会计凭证，并据以记入有关账簿

B. 必须检查本期所有的转账业务是否都已填制结账分录、调整账簿记录

C. 事先进行对账，保证账证、账账和账实相符

D. 必须准备好编制各类财务报表的表格，并熟悉编制方法

7. 结账按日历时间划分包括（　　）。

A. 按旬结账　B. 月度结账　C. 季度结账　D. 年度结账

8. 对于结账，下列说法正确的有（　　）。

A. 结出余额后，应在余额前的“借或贷”栏内写“借”或“贷”字样

B. 没有余额的账户，应在余额栏前的“借或贷”栏内写“平”字，并在余额栏内用“Ø”表示

C. 对于没有“借或贷”余额方向的账户，如出现负数余额，则用红字书写

D. 对于没有“借或贷”余额方向的账户，如出现负数余额，则在余额数字前加“–”

9. 对于“结账线”，下列说法正确的有（　　）。

A. 突出本期发生额及期末余额

B. 表示本会计期间的会计记录已经截止或者结束

C. 月结、季结画通栏单红线

D. 年结画通栏双红线

10. 下列属于年结的有（　　）。

A. 本年合计　　B. 本年 12 月月末的“本年累计”

C. 本年 1—11 月份的“本年累计”　　D. 本年第四季度末的“本年累计”

三、判断题（判断正误，把你认为正确的在题后的括号内打“√”，错误的打“×”。）

1. 对账工作至少每年进行一次。（　　）

2. 保证账证相符，是会计核算的基本要求之一，也是账账相符和账实相符的基础。（　　）

3. 各种债权债务明细账的账面记录与有关债权、债务单位或个人的账面记录进行核对，属于账账核对。（　　）

4. 账实核对一般是通过财产清查进行的。（　　）

5. 财产物资明细账与财产物资保管账的核对，属于账账核对。（　　）

6. 通过结账，可以正确反映一定时期内账簿记录的经济活动情况及其结果，为编制财务报表提供资料。（　　）

7. 结转下年时，对有余额的账户，应将余额记入本年账户的另一方，使本年期末有余额的账户的余额变为零。（　　）

8. 若由于会计准则或会计制度改变而需要在新账中改变原有账户名称及其核算内容的，需要在原有账户中进行调整，再转入新账的有关账户中。（　　）

9. 需要结计本年累计发生额的收入、成本等明细账进行结账时，先采用月结方式进行结算，再在“本月合计”行下的摘要栏内注明“本年累计”字样，并结出自年初起至本月末止的累计发生额，再向下画通栏单红线。12 月月末的“本年累计”就是全年累计发生额，全年累计发生额下画通栏双红线。（　　）

10. 年初，所有账簿都必须更换新账簿。（　　）

四、业务题

【资料】凯虹公司 201×年 4 月份开始投产 A 产品，生产工期为 10 个月，201×年 12 月份的“生产成本”明细账如表 5-14 所示，已经将有关生产成本的经济业务全部入账（记账凭证字号略）。

表 5-14 生产成本明细账

产品名称：A 产品　　　　投入产量：10 件　　投产时间 201×年 4 月 10 日

车间名称：加工车间　　　　生产工期：10 个月　　　　单位：元

201×年 月	日	凭证 字	号	摘要	合计（百十万千百十元角分）	成本项目 直接材料（十万千百十元角分）	直接人工（十万千百十元角分）	制造费用（十万千百十元角分）	（十万千百十元角分）
11	30			承前页（月内）	12300000	6800000	5500000		
11	30	略	略	结转制造费用	1600000			1600000	
11	30			本月合计	13900000	6800000	5500000	1600000	
11	30			本年累计	98760000	52680000	29730000	16350000	
12	8			生产领料	5200000	5200000			
12	31			分配工资薪酬	4880000		4880000		
12	31			结转制造费用	1420000			1420000	
12	31			本月合计					
12	31			本年累计					

【要求】根据结账要求，计算本年 12 月份的本月合计和本年累计，并按要求画出 11 月份和 12 月份的结账线。

模块五　会计账簿的更换和保管

知识要点

1. 会计账簿的更换；
2. 会计账簿的装订整理；
3. 会计账簿的保管。

学习导航

1. 学习会计账簿的更换，应明确账簿更换的意义，主要掌握哪些账簿需要更换，哪些账簿不需要更换。

2. 学习会计账簿的装订整理，应明确装订前应做的工作、对活页式账簿的装订整理及装订后的注意事项。

3. 学习会计账簿的保管，应明确会计账簿的保管要求，掌握各种会计账簿的保管期限。

同步练习

一、单项选择题（本大题在每小题列出的四个选项中，只有一项符合题目要求，请将符合题目要求的选项选出。）

1. 一般情况下，会计账簿可以跨年度使用的是（　　）。

A. 总账　　　　B. 库存现金日记账

C. 银行存款日记账　　　　D. 固定资产卡片账

2. 对会计账簿的装订，下列说法正确的是（　　）。

A. 装订前，首先要按账簿启用、经管人员一览表及账户目录的使用页数核对各个账户是否相符，账页数是否齐全，序号排列是否连续；然后按会计账簿封面、账簿启用表、账户目录、该账簿按页数顺序排列的账页、装订封底的顺序装订

B. 对活页式账簿，可以将未使用的空白页装订在账簿中

C. 对活页式账簿，可以将不同格式的账页装订在一起

D. 对跨年度使用的各种会计账簿必须进行装订整理

3. 对会计账簿的保管，下列说法错误的是（　　）。

A. 年度结账后，更换下来的账簿，可暂由本单位财务会计部门保管 1 年

B. 财务会计部门对会计账簿的保管期满后，原则上应由财务会计部门移交至本单位档案部门保管

C. 由财务会计部门移交至本单位档案部门保管的会计账簿，移交时无须编制移交清册

D. 已归档的会计账簿作为会计档案为本单位使用，原件不得借出

4. 下列会计账簿需要保存 25 年的是（　　）。

A. 总账　　B. 财产物资明细账

C. 银行存款日记账　　D. 辅助账簿

5. 固定资产卡片账在固定资产报废清理后保管（　　）。

A. 5 年　　B. 15 年　　C. 25 年　　D. 永久

二、多项选择题（本大题在每小题列出的四个选项中，有两项或两项以上符合题目要求，请将符合题目要求的选项选出。）

1. 一般来说，下列会计账簿需要每年更换的是（　　）。

A. 总账　　B. 库存现金日记账

C. 银行存款日记账　　D. 备查账簿

2. 下列会计账簿可以跨年度使用的是（　　）。

A. 财产物资明细账　　B. 债权债务明细账

C. 固定资产卡片账　　D. 备查账簿

3. 下列会计账簿可以保管 15 年的有（　　）。

A. 总账　　B. 明细账　　C. 辅助账　　D. 现金日记账

三、判断题（判断正误，把你认为正确的在题后的括号内打“√”，错误的打“×”。）

1. 在装订账簿时，三栏式、多栏式、数量金额式等活页式账簿不得混装，应按同类业务、同类账页装订在一起。（　　）

2. 会计账簿要按保管期限分别编制卷号。（　　）

3. 对已归档的会计账簿，外单位如有特殊需要，须经上级主管单位或本单位负责人、会计主管人员批准，在不拆散原卷册的前提下，可以提供查阅或者复制，并要办理登记手续。（　　）

4. 实际工作中，各单位可以根据实际利用的经验、规律和特点，适当延长有关会计档案的保管期限，但必须要有较为充分的理由。（　　）

5. 已归档的会计账簿作为会计档案供本单位使用，原件可以借出。（　　）

6. 将会计账簿装订好后，应在封面上填明账目的种类，编好卷号，并由会计主管人员和装订人员签章。（　　）

综合训练

一、单项选择题（本大题在每小题列出的四个选项中，只有一项符合题目要求，请将符合题目要求的选项选出。）

1. 现金日记账是根据有关的收、付款凭证登记的，其登记人是（　　）。

A. 会计主管人员　B. 稽核人员　C. 出纳人员　D. 财产保管人员

2. 将财会部门的财产物资明细账的期末余额与相应的财产物资保管部门的明细分类账上的期末结存数额核对，属于（　　）。

A. 账证核对　B. 账实核对　C. 账账核对　D. 账表核对

3. 某企业通过银行收回应收账款 6 000 元，在填制记账凭证时，误将金额记为 9 000 元，并已登记入账。当年发现记账错误，更正时应采用的更正方法是（　　）。

A. 重编正确的记账凭证　B. 红字冲销法

C. 划线更正法　D. 补充登记法

4. 会计人员登记账簿的依据必须是（　　）。

A. 填写齐全的记账凭证　B. 填写及时的记账凭证

C. 审核无误的记账凭证　D. 附有原始凭证的记账凭证

5. 银行存款日记账一般应采用（　　）。

A. 活页式账簿、三栏式账页　B. 活页式账簿、多栏式账页

C. 订本式账簿、三栏式账页　D. 订本式账簿、多栏式账页

6. 各种应收、应付款项的明细分类账的账面余额与债权、债务单位或个人进行核对，属于（　　）。

A. 账证核对　B. 账表核对　C. 账账核对　D. 账实核对

7. 下列账户的明细账，可在借、贷双方栏目下分别设置多栏的是（　　）。

A. 制造费用　B. 本年利润　C. 其他业务收入　D. 生产成本

8. 在根据记账凭证登账时，误将 5 000 元记为 500 元，更正这种错误应采用的方法是（　　）。

A. 划线更正法　B. 补充登记法　C. 红字冲销法　D. 平行登记法

9. "库存商品"明细账一般采用（　　）。

A. 活页式账簿，多栏式账页　B. 订本式账簿，数量金额式账页

C. 订本式账簿，多栏式账页　D. 活页式账簿，数量金额式账页

10. 各企业、行政事业单位设置总分类账的依据是（　　）。

A. 根据单位主要负责人的意见开设　B. 根据单位上级主管部门的意见开设

C. 根据单位经济规模的大小开设　D. 根据总分类账户和单位的实际情况开设

11. 根据经济业务发生或完成时间的先后顺序逐日逐笔连续登记的账簿是（　　）。

A. 明细分类账簿　B. 总分类账簿　C. 日记账簿　D. 备查账簿

12. 用于提供总括核算资料的账簿是（　　）。

A. 明细分类账簿　B. 总分类账簿　C. 日记账簿　D. 备查账簿

13. 用于分类、连续地登记经济业务，提供明细核算资料的账簿是（　　）。

A. 日记账　B. 明细账　C. 卡片账　D. 总账

14. 债权债务类明细账一般采用（　　）。

A. 多栏式账簿　B. 数量金额式账簿　C. 横线登记式账簿　D. 三栏式账簿

15. 在账页借、贷两方的同一横行内记录前后密切相关的经济业务自始至终的所有事项的账簿是（　　）。

A. 横线登记式账簿　　B. 多栏式账簿

C. 活页式账簿　　D. 订本式账簿

16. 下列各项应设置备查账簿进行登记的是（　　）。

A. 固定资产　　B. 租入固定资产　　C. 无形资产　　D. 资本公积

17. 下列明细账应采用数量金额式账簿的是（　　）。

A. 应收账款明细账　　B. 库存商品明细账

C. 应付账款明细账　　D. 管理费用明细账

18. 下列账簿必须采用订本式的是（　　）。

A. 现金和银行存款日记账　　B. 固定资产明细账

C. 所有明细账　　D. 备查账

19. 对于账簿记录中发生的角、分的差错，可以只查找元以下的小数部分即可。这种错账查找的方法是（　　）。

A. 除 2 法　　B. 除 9 法　　C. 尾数法　　D. 差数法

20. 企业结账的时间应为（　　）。

A. 每项交易或事项办理完毕后　　B. 每个工作日终了时

C. 一定时期终了时　　D. 财务报表编制完成时

二、多项选择题（本大题在每小题列出的四个选项中，有两项或两项以上符合题目要求，请将符合题目要求的选项选出。）

1. 账簿按用途的不同，可以分为（　　）。

A. 分类账簿　　B. 序时账簿　　C. 备查账簿　　D. 活页账簿

2. 必须逐日结出余额的账户是（　　）。

A. 现金总账　　B. 银行存款总账　　C. 现金日记账　　D. 银行存款日记账

3. 账簿按外表形式可以分为（　　）。

A. 卡片账　　B. 订本账　　C. 活页账　　D. 数量金额式账

4. 在账簿扉页上填列的内容包括（　　）。

A. 账簿名称　　B. 单位名称　　C. 账户名称　　D. 借、贷方金额

5. 必须采用订本式账簿的有（　　）。

A. 现金日记账　　B. 固定资产明细账

C. 银行存款日记账　　D. 管理费用明细账

6. 下列做法错误的是（　　）。

A. 现金日记账采用数量金额式账簿　　B. 库存商品明细账采用数量金额式账簿

C. 生产成本明细账采用三栏式账簿　　D. 制造费用明细账采用多栏式账簿

7. 在实际工作中，采用三栏式账页格式的账户有（　　）。

A. 总分类账　　B. 债权债务明细分类账

C. 存货明细分类账　　D. 现金日记账

8. 以下属于备查账簿的有（　　）。

A. 租入固定资产登记簿　　B. 代销商品登记簿

C. 受托加工材料登记簿　　D. 委托其他单位加工材料

9. 日记账的特点是（　　）。

A. 序时登记　　B. 汇总登记　　C. 逐日逐笔登记　　D. 定期登记

10. 各种明细账簿的登记依据包括（　　）。

A. 原始凭证　B. 记账凭证　C. 原始凭证汇总表　D. 汇总记账凭证

11. 各种账簿虽然所记录的经济业务内容不同，其外表形式和账页格式也多种多样，但每一账簿均应具备（　　）。

A. 账簿名称　B. 账簿封面　C. 账簿扉页　D. 账页

12. 下列账簿，需要在每年年初更换新账的是（　　）。

A. 总账　B. 现金日记账　C. 银行存款日记账　D. 固定资产卡片账

13. 下列登记银行存款日记账的方法，正确的有（　　）。

A. 逐日逐笔登记并逐日结出余额

B. 根据企业在银行开立的账户和币种分别设置日记账

C. 使用订本式账簿

D. 定期汇总登记

14. 以下各项表述正确的有（　　）。

A. 多栏式明细账一般适用于资产类账户

B. 在会计核算中，一般应通过财产清查进行账实核对

C. 因记账凭证错误而造成的账簿记录错误，必须采用红字冲销法进行更正

D. 各种日记账、总账及资本、债权债务明细账都可采用三栏式账簿

15. 结账时，正确的做法包括（　　）。

A. 需结出当月发生额的，在“本月合计”下面画通栏单红线

B. 需结出本年累计发生额的，除12月份外，每月月末在“本年累计”下面画通栏单红线

C. 12月月末，结计全年发生额的，在“本年合计”下面画通栏单红线

D. 12月月末，结计全年发生额的，在“本年合计”下面画通栏双红线

三、判断题（判断正误，把你认为正确的在题后的括号内打“√”，错误的打“×”。）

1. 总分类账和明细分类账都只根据记账凭证进行登记。（　　）

2. 严格地说，卡片账也是一种活页账，只不过它不是装在活页账夹中，而是装在卡片箱内。（　　）

3. 备查账簿是根据对某些在日记账和分类账中未能记录的事项进行补充登记的账簿，因此，各单位应根据管理需要设置。（　　）

4. 在会计年度中间变更记账人员时，可不必办理有关交接手续。（　　）

5. 启用账簿时，应当在账簿封面上写明账簿名称，并在账簿扉页上载明经管人员一览表等。（　　）

6. 红笔一般只在结账画线、改错、冲账和表示负数金额时使用。（　　）

7. 除结账和更正错账外，一律不得用红色墨水登记账簿。（　　）

8. 现金日记账和银行存款日记账必须采用订本式账簿，但企业可以用银行对账单代替银行存款日记账。（　　）

9. 总分类账一般采用订本账，明细账一般采用活页账。（　　）

10. 总分类账和明细分类账必须在同一会计期间进行登记。（　　）

11. 结账之前，如果发现账簿中所记的文字或数字错误，而记账凭证没有错误，应采用划线更正法。（　　）

12. 补充登记法对涉及的银行存款业务不适用。（　　）

13. 补充登记法一般适用于记账凭证所记会计科目无误，只是所记金额大于应记金额，从而引起的记账错误。（　　）

14. 企业应收、应付明细账与对方单位账户记录核对属于账账核对。 ( )

15. 备查账一般不必每年更换新账，可以连续使用。 ( )

四、业务题

【资料】

1. 凯瑞公司201×年8月1日“原材料”总账余额为200 000元，其中甲材料1 200千克，每千克60元，计72 000元；乙材料3 200千克，每千克40元，计128 000元。

2. 8月份发生以下原材料的收发业务：

（1）3日，入库甲材料3 000千克，每千克60元，计180 000元；

（2）5日，发出甲材料3 200千克；

（3）6日，入库乙材料1 800千克，每千克40元，计72 000元；

（4）7日，入库甲材料2 000千克，每千克60元，计120 000元；入库乙材料1 500千克，每千克40元，计60 000元；

（5）9日，发出甲材料1 400千克，发出乙材料3 500千克；

（6）11日，发出乙材料2 000千克；

（7）13日，入库乙材料3 600千克，每千克40元，计144 000元；

（8）16日，发出甲材料1 200千克，发出乙材料3 400千克；

（9）19日，入库甲材料2 500千克，每千克60元，计150 000元；入库乙材料2 500千克，每千克40元，计100 000元；

（10）23日，发出乙材料1 400千克；

（11）26日，入库甲材料1 900千克，每千克60元，计114 000元；

（12）29日，发出甲材料3 300千克；发出乙材料900千克。

【要求】

1. 根据资料1开设原材料明细账并登记月初结存数量和余额，如表5-15和表5-16所示。

2. 根据资料2直接登记原材料明细账，并随时结出结存数量和余额，如表5-15和表5-16所示。

表5-15 原材料明细账

类别：原料及主要材料　　　　存放地点：1号仓库

品名及规格：甲材料　　　　计量单位：千克　　第32页

年		凭证		摘要	收入										发出										结存									
月	日	字	号		数量	单价	金额								数量	单价	金额								数量	单价	金额							
							百	十	万	千	百	十	元	角	分			百	十	万	千	百	十	元	角	分			百	十	万	千	百	十	元	角	分

表 5-16　原材料明细账

类别：原料及主要材料　　　　　　　　　　　　存放地点：2 号仓库

品名及规格：乙材料　　　　　　　　计量单位：千克　　　　第 68 页

年		凭证		摘要	收入										发出										结存									
月	日	字	号		数量	单价	金额								数量	单价	金额								数量	单价	金额							
							百	十	万	千	百	十	元	角分			百	十	万	千	百	十	元	角分			百	十	万	千	百	十	元	角分

五、实践题

【资料】201×年 3 月 31 日，凯通公司（该公司从事服务业）结转本月发生的劳务成本 65 000 元。会计人员编制的记账凭证如表 5-17 所示，并据以登记入账。

表 5-17　转　账　凭　证

201×年 3 月 31 日　　　　　　　　转字第 055 号

摘　要	总账科目	明细科目	√	借方金额 千	百	十	万	千	百	十	元	角	分	√	贷方金额 千	百	十	万	千	百	十	元	角	分
结转劳务成本	其他业务成本		√				5	6	0	0	0	0	0											
	劳务成本													√				5	6	0	0	0	0	0
合　计						¥	5	6	0	0	0	0	0				¥	5	6	0	0	0	0	0

附单据×张

财务主管：×××　　　审核：×××　　　记账：×××　　　制单：×××

【要求】说明上述账务处理的错误所在，指出应选用的错账更正方法，并更正上述错误。

（若需编制记账凭证，请用表 5-18 和表 5-19 提供的记账凭证，记账凭证编号自 060 号开始，需用红字金额时将相关金额加“▭”表示，省略更正有关账簿的内容。）

表 5-18 转 账 凭 证

年 月 日 转字第 号

摘要	总账科目	明细科目	√	借方金额										√	贷方金额								
				千	百	十	万	千	百	十	元	角	分		千	百	十	万	千	百	十	元	角	分
合计																								

附单据 张

财务主管： 审核： 记账： 制单：

表 5-19 转 账 凭 证

年 月 日 转字第 号

摘要	总账科目	明细科目	√	借方金额										√	贷方金额								
				千	百	十	万	千	百	十	元	角	分		千	百	十	万	千	百	十	元	角	分
合计																								

附单据 张

财务主管： 审核： 记账： 制单：

项目六

财产清查

模块一　财产清查概述

知识要点

1. 了解财产清查的概念；
2. 了解财产清查的意义；
3. 明确财产清查的范围；
4. 掌握财产清查的种类；
5. 理解财产清查的一般程序。

学习导航

1. 学习财产清查的概念和造成账实不符的主要原因，明确财产清查是会计核算的专门方法之一，其目的是为了查证账实是否相符。

2. 学习财产清查的意义，明确其意义：①保证账实相符，提高会计资料的准确性；②切实保障各项财产物资的安全完整；③加速资金周转，提高资金使用效益。此外，通过财产清查，可以促使保管人员总结经验，吸取教训，不断学习先进的管理技术，增强敬业精神，提高业务素质。

3. 学习财产清查的范围，明确财产清查的范围：各种货币资金、实物资产的清点，各种债权债务和往来款项的查询核对；存放在本单位内部和外部的财产物资；本单位借用的或其他单位暂时存放在本企业的财产物资。

4. 学习财产清查的种类，重点掌握按不同标准进行分类的具体内容。按照清查的范围不同，可分为全面清查和局部清查。一般只在下述情况下实施全面清查：① 年终编制决算财务报表前；② 企业撤销、合并或改变隶属关系时；③ 企业改制等需要进行资产评估时；④ 企业开展清产核资工作时。按照清查的时间不同，可分为定期清查和不定期清查。定期清查一般在月末、季末和年末进行。不定期清查是根据某种特殊需要进行的临时清查。按照清查的执行系统不同，可以分为内部清查和外部清查。大多数财产清查都是内部清查。一般来讲，进行外部清查时应有本单位相关人员参加。

5. 学习财产清查的一般程序，明确为了保证财产清查工作有条不紊进行的前提和操作步骤。

同步练习

一、单项选择题（本大题在每小题列出的四个选项中，只有一项符合题目要求，请将符合题目要求的选项选出。）

1. 财产清查的目的是为了保证（　　）。

A. 账证相符　B. 账账相符　C. 账实相符　D. 账表相符

2. 财产清查按清查的范围可分为（　　）。

A. 局部清查和不定期清查　B. 全面清查和定期清查

C. 局部清查和定期清查　D. 全面清查和局部清查

3. 出纳员调离工作岗位时，对库存现金进行的清查属于（　　）。

A. 局部清查和不定期清查　B. 全面清查和定期清查

C. 局部清查和定期清查　D. 全面清查和不定期清查

4. 年终，企业对本单位财产物资的清查属于（　　）。

A. 局部清查和不定期清查　B. 全面清查和定期清查

C. 局部清查和定期清查　D. 全面清查和不定期清查

5. 企业撤销、合并前对财产物资的清查属于（　　）。

A. 局部清查和不定期清查　B. 全面清查和定期清查

C. 局部清查和定期清查　D. 全面清查和不定期清查

6. 大多数财产清查都是（　　）。

A. 内部清查　B. 全面清查　C. 局部清查　D. 不定期清查

7. 清查范围大、投入人力多、耗费时间长属于（　　）的特点。

A. 不定期清查　B. 全面清查　C. 局部清查　D. 外部清查

8. 财产清查分为内部清查和外部清查的标准是（　　）。

A. 清查的范围　B. 清查的执行系统　C. 清查的时间　D. 清查的作用

二、多项选择题（本大题在每小题列出的四个选项中，有两项或两项以上符合题目要求，请将符合题目要求的选项选出。）

1. 造成账实不符的主要原因有（　　）。

A. 因管理不善而造成财产物资的毁损和短缺

B. 财产收发时，由于计量不准确而发生品种或数量上的差错

C. 财产保管过程中的自然损溢

D. 因未达账项而引起的单位之间的账目不符

2. 财产清查的意义主要表现在（　　）。

A. 保证账实相符，提高会计资料的准确性

B. 切实保障各项财产物资的安全完整

C. 加速资金周转，提高资金使用效益

D. 确保账证相符，完善内部管理

3. 以下属于企业财产清查范围的有（　　）。

A. 货币资金　B. 存货

C. 经营租入固定资产　D. 往来款项

4. 进行全面清查一般在（　　）。

A. 年终决算之前　B. 清产核资时

C. 单位撤销、合并时　D. 资产重组或改变隶属关系时

5. 局部清查的特点是（　　）。
A. 清查范围小　　B. 投入人力多
C. 耗费时间长　　D. 专业性强
6. 定期清查一般是在（　　）进行。
A. 月末　　B. 季末
C. 年末　　D. 税务部门进行会计检查时
7. 不定期清查一般是在（　　）进行。
A. 年末结账前　　B. 企业财产被盗时
C. 更换财产物资保管人员时　　D. 发生非常损失时
8. 外部清查是指（　　）等根据国家有关规定或情况需要对本单位所进行的财产清查。
A. 上级主管部门　　B. 审计机关
C. 司法部门　　D. 注册会计师

三、判断题（判断正误，把你认为正确的在题后的括号内打“√”，错误的打“×”。）

1. 进行财产清查的目的主要在于查清账账是否相符。（　　）
2. 暂时存放在本单位，所有权不属于本单位的财产物资，不应列入财产清查的范围；而暂时存放在外单位，所有权属于本单位的财产物资则应列入财产清查的范围。（　　）
3. 通过财产清查，可以发现财产管理工作中存在的各种问题，以便采取对策加以改进，健全内部控制制度。（　　）
4. 全面清查的范围广、种类全，故企业应时常进行全面清查。（　　）
5. 局部清查对象主要是流动性强、易发生损耗，以及比较贵重的财产物资。（　　）
6. 财产清查时，本着先清查质量、核对有关账簿记录等，后认定数量的原则进行。（　　）
7. 一般来讲，进行外部清查时应有本单位相关人员参加。（　　）
8. 企业与有关单位进行的债权和债务查询，年度内须核对3～4次。（　　）

模块二　财产清查的方法

知识要点

1. 掌握库存现金的清查方法；
2. 掌握银行存款的清查方法；
3. 了解银行存款清查的步骤和作用；
4. 理解未达账项的含义及所包含的四种情况；
5. 掌握银行存款余额调节表的编制方法；
6. 掌握实物资产的清查方法；
7. 掌握往来款项的清查方法。

学习导航

1．学习货币资金的清查方法，掌握库存现金和银行存款的清查方法。

库存现金的清查是采用实地盘点法确定库存现金的实存数，然后与库存现金日记账的账面余额相核对，确定账实相符。盘点时，出纳人员必须在场。将盘点结果填制在“库存现金盘点报告表”上，该表是对库存现金进行差异分析和用以调整账项的原始凭证。

银行存款的清查是采用与开户银行核对账目的方法进行的。造成银行存款日记账与银行对账单不一致的原因一般有两种：一是记账错误（如错账、漏账），二是存在未达账项。大多情况是由“未达账项”造成的。未达账项，是指企业与开户银行之间由于记账时间不一致，而发生的一方已经登记入账，而另一方尚未入账的事项。一般有 4 种情况：（1）企业已收款记账，银行未收款未记账的款项；（2）企业已付款记账，银行未付款未记账的款项；（3）银行已收款记账，企业未收款、未记账的款项；（4）银行已付款记账，企业未付款、未记账的款项。按照银行存款的清查步骤，找出“未达账项”，然后将“发生的未达账项”通过编制“银行存款余额调节表”的方法加以揭示和调整，它是一种对账记录或对账工具，不是原始凭证，不能作为调整账面记录的依据。调节后的余额如果相等，双方记录一般无误，表示企业当时可以动用的银行存款的实有数额；调节后的余额如果不相等，通常说明企业和开户银行之间一方或双方记账有误，需查明原因后予以更正和处理。

2. 学习实物资产的清查方法，掌握实物资产常用的清查方法主要有实地盘点法和技术推算法两种。对实物资产进行盘点时，实物保管人员必须在场，并与清查人员一起参与盘点，盘点结果应由有关人员如实填制“盘存单”，并由盘点人和实物保管人签字或盖章。“盘存单”是用来记录实物盘点结果，反映实物资产实存数额的原始凭证。为了查明各种实物资产的实存数与账存数是否一致，应根据“盘存单”和会计账簿记录，编制“账存实存对比表”，它是用来反映实物资产实存数与账存数之间的差异并作为调整账簿记录的原始凭证。

3. 学习往来款项的清查方法，掌握往来款项的清查一般采用发函询证的方法进行核对，即通过函询与债权债务单位核对账目的方法，与银行存款的清查相似。清查以后，根据清查结果编制“往来款项清查报告单”，填列各项债权、债务的余额。若发现未达账项，则编制“往来款项余额调节表”，予以调整相符。

同步练习

一、单项选择题（本大题在每小题列出的四个选项中，只有一项符合题目要求，请将符合题目要求的选项选出。）

1. 财产物资的盘盈是指（　　）。
   A. 账存数大于实存数　　B. 实存数大于账存数
   C. 由于记账差错多记的数额　　D. 由于记账差错少记的数额
2. 对库存现金清点后，应将清查结果填入（　　）。
   A. 账存实存对比表　　B. 盘存单
   C. 库存现金盘点报告表　　D. 银行存款余额调节表
3. 清查往来款项时，如有未达账项，则应进行调整，待收到正式凭证后再（　　）。
   A. 编制对账单　　B. 作为坏账损失处理
   C. 做账簿调整　　D. 冲减应收账款
4. “账存实存对比表”的编制依据是（　　）。
   A. 盘存单和总账记录　　B. 盘存单和明细账记录
   C. 盘存单和日记账记录　　D. 盘存单和存货积压变质报告单
5. 在银行存款余额调节表中，调节后的存款余额表示（　　）。
   A. 企业银行存款日记账的余款
   B. 应予调整的未达账项金额
   C. 在期末进行银行存款日记账记录调整的依据金额
   D. 企业可以动用的银行存款实有金额

6. 某企业201×年5月底银行存款日记账的余额为80 000元，银行对账单的余额为82 425元，经校对发现如下未达账项：（1）企业已收、银行未收的款项7 000元；（2）银行已收、企业未收的款项4 775元；（3）企业已付、银行未付的款项5 600元；（4）银行已付、企业未付的款项950元，则该企业5月末可以动用的银行存款实有数额为（　　）。

A. 8 800元　　B. 83 925元　　C. 83 735元　　D. 83 825元

7. 下列单据中，应由财会部门编制，并可以直接作为调整账簿记录的原始凭证是（　　）。

A. 银行存款余额调节表　　B. 盘存单

C. 账存实存对比表　　D. 银行对账单

8. 银行存款的清查一般采用（　　）。

A. 实地盘点法　　B. 核对账目法　　C. 技术推算法　　D. 询证法

二、多项选择题（本大题在每小题列出的四个选项中，有两项或两项以上符合题目要求，请将符合题目要求的选项选出。）

1. 进行财产清查时采用的具体方法有（　　）。

A. 实地盘点法　　B. 技术测算盘点法

C. 账单核对法　　D. 核对账目法

2. 月末造成企业银行存款日记账余额小于银行对账单余额的未达账项有（　　）。

A. 企业已收、银行未收的款项　　B. 企业已付、银行未付的款项

C. 银行已收、企业未收的款项　　D. 银行已付、企业未付的款项

3. 核对账目的方法适用于（　　）。

A. 库存现金的清查　　B. 银行存款的清查

C. 往来款项的清查　　D. 材料的清查

4. 企业银行存款日记账与银行对账单不一致时，其原因可能有（　　）。

A. 企业账务记录有误　　B. 银行账务记录有误

C. 企业已记账，银行未记账　　D. 银行已记账，企业未记账

5. 实地盘点法一般适用于（　　）的清查。

A. 各项实物财产　　B. 库存现金　　C. 银行存款　　D. 往来款项

6. 下列可作为原始凭证，并据以调整账簿记录的有（　　）。

A. 库存现金盘点报告表　　B. 银行存款余额调节表

C. 盘存单　　D. 账存实存对比表

7. 在银行存款对账中，未达账项包括（　　）。

A. 银行已收款入账，企业未收款入账

B. 企业未付款入账，银行已付款入账

C. 企业未付款入账，银行也未付款入账

D. 银行已收款入账，企业也收款入账

8. 财产物资的盘存制度有（　　）。

A. 权责发生制　　B. 收付实现制　　C. 永续盘存制　　D. 实地盘存制

三、判断题（判断正误，把你认为正确的在题后的括号内打“√”，错误的打“×”。）

1. 未达账项是由于凭证传递失误而造成的一方已入账，而另一方未入账的会计事项。（　　）

2. 期末，应根据“银行存款余额调节表”调整有关账簿记录，以保证账实相符。（　　）

3. 财产物资实物的清查方法有实地盘点法和核对账目法。（　　）

4. 财产清查时，企业与开户银行及债权债务人核对账单的行为是为了进行账账核对，以保证账账相符。（　　）

5. 盘存单是用来记录实物盘点结果，反映实物资产实存数额的原始凭证。（　　）

6. 对各种往来款项的清查，必须亲自派人到对方单位进行核对。（　　）

7. 未达账项是造成企业银行存款日记账与银行对账单余额不等的唯一原因。（　　）

8. 对实物资产清查时，由盘点人员单方面清点即可，保管人员可不必在场。（　　）

四、实训题

【资料】华泰工厂201×年4月30日“银行存款日记账”账面余额为32 500元，开户银行送达的“银行对账单”余额为34 910元。经核查，发现有以下几笔未达账项：

① 企业已送存银行转账支票一张，面额为1 860元，企业已记银行存款增加，开户银行尚未入账。

② 银行代企业支付电话费190元，银行已入账，减少企业银行存款，企业尚未接到通知，没有入账。

③ 银行代企业收取销货款3 870元，银行已入账，增加企业银行存款，企业尚未接到通知，没有入账。

④ 企业开出转账支票一张，购买办公物品590元，企业已记银行存款减少，银行尚未入账。

【要求】根据上述资料，编制“银行存款余额调节表”（见表6-1），并指出企业月末可以动用的银行存款实有数额。

表6-1　银行存款余额调节表

年　月　日　　　　单位：元

项　目	金　额	项　目	金　额
调节后余额		调节后余额	

模块三　财产清查的账务处理

知识要点

1. 了解财产清查结果账务处理的要求、方法与步骤；
2. 明确“待处理财产损溢”账户的用途结构；

3. 掌握财产清查结果的账务处理方法。

学习导航

1. 学习财产清查结果账务处理的要求，明确其内容。

2. 学习财产清查结果账务处理的方法与步骤，明确审批之前和审批之后的处理。

3. 学习“待处理财产损溢”账户的结构，明确“待处理财产损溢”账户是一个过渡性账户，其借方登记发生的待处理财产盘亏及毁损数和结转已批准处理的财产盘盈数，其贷方登记发生的待处理财产盘盈数和结转已批准处理的财产盘亏和毁损数，该账户属于双重性质的资产类账户，下设“待处理流动资产损溢”和“待处理非流动资产损溢”两个明细分类账户进行明细分类核算。期末结账后没有余额。

4. 学习财产清查结果的账务处理，重点掌握各种财产物资的账务处理方法。

对于库存现金清查结果的账务处理，无法支付的现金盘盈通常转作营业外收入，现金盘亏查明原因后，根据不同情况进行处理；对于存货清查结果的账务处理，盘盈的存货经批准后作冲减“管理费用”账户处理，盘亏与毁损的存货报经批准后，应根据不同的原因分别进行处理；对于固定资产清查结果的账务处理，要注意盘盈和盘亏的处理方法不同；对于往来款项清查结果的账务处理，了解应收账款发生坏账应符合的条件，掌握确实无法支付的应付账款，转作营业外收入的账务处理。

同步练习

一、单项选择题（本大题在每小题列出的四个选项中，只有一项符合题目要求，请将符合题目要求的选项选出。）

1. 清查时发现材料盘亏 1 500 元，上报批准前应借记的账户是（　　）。

A. 待处理财产损溢　　B. 营业外支出

C. 管理费用　　D. 其他应收款

2. 在存货清查过程中，由自然灾害造成的毁损上报批准后，应将净损失转作（　　）。

A. 营业外支出　　B. 营业外收入　　C. 其他应收款　　D. 管理费用

3. 在财产清查中，发现由于计量不准造成的存货的盘盈、盘亏，报经批准后应记入的账户是（　　）。

A. 管理费用　　B. 营业外支出　　C. 制造费用　　D. 其他应收款

4. 企业在进行财产清查过程中，发现缺少机床一台，账面原价 14 000 元，已提折旧 8 000 元，报经批准前应借记的账户是（　　）。

A. 以前年度损益调整　　B. 营业外支出

C. 固定资产和累计折旧　　D. 待处理财产损溢和累计折旧

5. 对于盘盈的固定资产，报经批准后应贷记的账户是（　　）。

A. 以前年度损益调整　　B. 营业外支出

C. 累计折旧　　D. 待处理财产损溢

6. 企业盘盈的原材料，在报经批准后，应该（　　）。

A. 转作营业外收入　　B. 转作其他业务收入

C. 冲减当期管理费用　　D. 冲减其他业务成本

二、多项选择题（本大题在每小题列出的四个选项中，有两项或两项以上符合题目要求，请将符合题目要求的选项选出。）

1. 财产清查结果处理的具体要求有（　　）。
A. 分析产生差异的原因和性质，提出处理建议
B. 积极处理多余积压财产，清理往来款项
C. 总结经验教训，建立和健全各项管理制度
D. 及时调整账簿记录，保证账实相符

2. 财产清查中查明的各种流动资产盘亏数，经批准后可能列入（　　）。
A. 管理费用　B. 营业外收入　C. 营业外支出　D. 其他应收款

3. 与“待处理财产损溢”账户的借方发生对应关系的账户有（　　）。
A. 营业外收入　B. 应收账款　C. 管理费用　D. 原材料

4. 与“待处理财产损溢”账户的贷方发生对应关系的账户有（　　）。
A. 管理费用　B. 营业外支出
C. 其他应收款　D. 库存现金

5. “待处理财产损溢”账户的借方反映（　　）。
A. 尚待处理的盘盈数　B. 尚待处理的盘亏数
C. 已处理的盘盈数　D. 已处理的盘亏数

6. 对于财产清查结果的账务处理中，需要使用“待处理财产损溢”账户的是（　　）。
A. 存货的清查　B. 库存现金的清查
C. 应收账款的清查　D. 应付账款的清查

三、判断题（判断正误，把你认为正确的在题后的括号内打“√”，错误的打“×”。）

1. 盘亏固定资产，应由过失人或保险公司赔偿的金额，需借记“应收账款”账户，收到赔偿后，再冲减“应收账款”账户。（　　）

2. 企业在财产清查中，查明应付外单位的货款，已无法归还，经上报审批后，可以将其转作营业外收入。（　　）

3. 盘盈的库存现金经批准后转作资本公积。（　　）

4. “待处理财产损溢”账户的借方余额表示尚待处理的盘亏和毁损数。（　　）

5. “待处理财产损溢”账户的明细账可根据各单位情况自行设置。（　　）

6. 根据资产的定义，按现行会计制度的规定，对“待处理财产损溢”账户核算的内容应及时报批处理，并在期末结账前处理完毕。（　　）

四、业务题

【资料】乐华公司201×年6月末对部分财产物资进行清查，发现如下情况：

1. 盘点库存现金时，发现短缺28.9元，并填制“库存现金盘点报告表”。
2. 上述现金短缺的原因已查明，应由出纳员孙科负责赔偿，尚未收到赔偿的现金。
3. 盘亏钢材20千克，每千克单价为1 500元，共计30 000元。
4. 上述盘亏钢材原因已查明，属于定额内损耗，经领导批准列作管理费用。
5. 盘盈铝型材10千克，每千克单价为50元，共计500元。
6. 上述盘盈材料原因已查明，属于计量不准造成的，经领导批准，冲减管理费用。
7. 盘亏机床一台，账面原值为18 000元，已提折旧12 000元，原因待查。
8. 上述盘亏机床原因已查明，经审核批准，转作营业外支出。
9. 经确定原欠胜利工厂货款6 700元，已无法支付，企业按规定转作营业外收入。

【要求】根据上述资料，编制会计分录。

综合训练

一、单项选择题（本大题在每小题列出的四个选项中，只有一项符合题目要求，请将符合题目要求的选项选出。）

1. 仓库保管员调离工作岗位时，对库存材料进行的清查属于（　　）。
A. 局部清查和不定期清查　　B. 全面清查和定期清查
C. 局部清查和定期清查　　D. 全面清查和不定期清查

2. 财产物资的盘亏是指（　　）。
A. 由于记账差错多记的数额　　B. 实存数大于账存数
C. 账存数大于实存数　　D. 由于记账差错少记的数额

3. 在企业和银行双方记账均无错误的情况下，企业银行存款实际可以动用的数额是（　　）。
A. 银行对账单的余额　　B. 银行存款日记账的余额
C. 未达账项的金额　　D. 银行存款余额调节表调节后的余额

4. 下列单据中，应由财会部门编制，并可以直接作为调整账簿记录的原始凭证是（　　）。
A. 银行存款余额调节表　　B. 盘存单
C. 账存实存对比表　　D. 银行对账单

5. 对于银行已经入账、企业尚未入账的未达账项，企业应该（　　）。
A. 立即入账　　B. 任意处理
C. 等结算凭证到达后入账　　D. 记入备查账簿

6. 在财产清查中，由于自然灾害造成的存货的毁损，报经批准后其净损失应记入的账户是（　　）。
A. 管理费用　　B. 营业外支出　　C. 以前年度损益调整　　D. 其他应收款

7. 企业在进行清查的过程中，发现缺少机床一台，账面原价为 16 000 元，已提折旧 9 000 元，报经批准后应（　　）。
A. 贷记“以前年度损益调整”7 000 元
B. 贷记“营业外支出”7 000 元
C. 借记“待处理财产损溢”7 000 元
D. 借记“营业外支出”7 000 元

8. 与银行存款清查方法相似的是（　　）。
A. 库存现金的清查　　B. 固定资产的清查
C. 应收账款的清查　　D. 原材料的清查

9. 各种应收款、应付款的清查方法一般采用（　　）。
A. 实地盘点法　　B. 试算平衡法　　C. 询证法　　D. 技术推算法

10. “账存实存对比表”是调整账簿记录的（　　）。
A. 汇总凭证　　B. 累计凭证　　C. 自制原始凭证　　D. 记账凭证

11. 对大堆存放、物体笨重、价值低廉的实物资产进行清查，一般采用（　　）。
A. 实地盘点法　　B. 技术推算法　　C. 核对账目法　　D. 询证法

12. 财产清查是指通过对货币资金、实物资产和往来款项等财产物资进行盘点或核对，确定其实存数，查明（　　）是否相符的一种专门方法。
A. 表存数与实存数　　B. 结存数与实存数
C. 账存数与实存数　　D. 账存数与累计数

13. 对贵重物资的清查属于（　　）。
A. 全面清查　B. 局部清查　C. 不定期清查　D. 外部清查
14. 财产物资的盘存制度是（　　）。
A. 权责发生制　B. 收付实现制
C. 永续盘存制和实地盘存制　D. 应计制和现金制
15. 采用实地盘存制，平时在账簿中（　　）。
A. 只登记财产物资增加数，不登记减少数
B. 只登记财产物资减少数，不登记增加数
C. 既登记财产物资增加数，又登记减少数
D. 既不登记财产物资增加数，也不登记减少数

二、多项选择题（本大题在每小题列出的四个选项中，有两项或两项以上符合题目要求，请将符合题目要求的选项选出。）

1. 财产清查按清查的范围可分为（　　）。
A. 定期清查　B. 外部清查　C. 全面清查　D. 局部清查
2. 月末，造成企业银行存款日记账余额大于银行对账单余额的未达账项是（　　）。
A. 企业已收、银行未收的款项　B. 企业已付、银行未付的款项
C. 银行已收、企业未收的款项　D. 银行已付、企业未付的款项
3. 财产清查按清查的时间划分为（　　）。
A. 定期清查　B. 不定期清查　C. 内部清查　D. 局部清查
4. 以下属于企业财产清查范围的有（　　）。
A. 货币资金　B. 经营性租出的固定资产
C. 经营性租入的固定资产　D. 委托加工物资
5. 下列可作为原始凭证，并据以调整账簿记录的有（　　）。
A. 库存现金盘点报告表　B. 银行存款余额调节表
C. 盘存单　D. 账存实存对比表
6. 对具有实物形态的财产物资，常用的清查方法有（　　）。
A. 实地盘点法　B. 账实核对法　C. 账卡核对法　D. 技术推算盘点法
7. 以下宜采用全面清查的是（　　）。
A. 因水灾造成的财产损失　B. 年终决算前进行的清查
C. 企业破产、合并进行的清查　D. 银行了解企业产品情况进行的清查
8. 询证法一般适用于（　　）的清查。
A. 债权债务　B. 银行存款　C. 原材料　D. 委托加工材料
9. 下列应借记“待处理财产损溢”800 元的是（　　）。
A. 盘亏原材料 800 元
B. 盘亏设备原值 20 000 元，已提折旧 19 200 元
C. 转销现金长款 800 元
D. 转销盘盈的库存商品 800 元
10. “待处理财产损溢”账户的贷方反映（　　）。
A. 尚待处理的盘盈数　B. 尚待处理的盘亏数
C. 已处理的盘盈数　D. 已处理的盘亏数
11. 对于财产清查结果的账务处理，不需要使用“待处理财产损溢”账户的是（　　）。
A. 存货的清查　B. 库存现金的清查　C. 应收账款的清查　D. 应付账款的清查

12. 下列项目中，属于财产清查一般程序的有（　　）。
A. 建立财产清查组织
B. 确定清查对象、范围，明确清查任务
C. 填制盘存清单
D. 填制往来款项清查结果报告表

13. 下列清查既属于不定期清查，又属于局部清查的是（　　）。
A. 更换财产物资经管人员时
B. 单位合并、迁移、改制和改变隶属关系时
C. 财政、审计、税务等部门进行会计检查时
D. 财产物资遭受自然灾害或其他损失时

14. 企业清查的各种资产盘亏经批准转销后，可能涉及的账户有（　　）。
A. 营业外支出　B. 管理费用　C. 其他应收款　D. 营业外收入

15. 应收款项确认为坏账的条件有（　　）。
A. 债务人死亡，以其遗产清偿后仍然无法收回
B. 债务人亏损，无法清偿所欠债务
C. 债务人破产，以其破产财产清偿后仍然无法收回
D. 债务人较长时间内未履行其偿债义务，并有足够的证据表明无法收回或者收回的可能性极小

三、判断题（判断正误，把你认为正确的在题后的括号内打“√”，错误的打“×”。）

1. 暂时存放在本单位、所有权不属于本企业的财产物资，也应列入财产清查的范围。（　　）
2. 未达账项是由于凭证传递时间不一致而造成的一方已入账，而另一方未入账的会计事项。（　　）
3. 存货发生盘盈后，在审批前，应先调整账面余额，使其账实相符。（　　）
4. 企业在财产清查的过程中，对于账实不符的情况，均应先通过“待处理财产损溢”账户将其达到账实相符。（　　）
5. 未达账项是造成企业银行存款日记账与银行对账单余额不等的主要原因。（　　）
6. 盘盈的库存现金经批准后转作资本公积。（　　）
7. “待处理财产损溢”账户的贷方余额表示尚待处理的盘盈数。（　　）
8. 为使银行存款日记账与银行对账单核对相符，企业应根据银行存款余额调节表来调整银行存款的账面余额。（　　）
9. 企业银行存款的可支取数应为银行对账单上的数额。（　　）
10. 对实物资产进行盘点时，实物保管人员必须在场，并与清查人员一起参与盘点，以明确经济责任。（　　）
11. 企业清查的各种财产的损溢，应于期末前查明原因，并根据企业的管理权限，经股东大会或董事会，或经理（厂长）会议或类似机构批准后，在期末结账前处理完毕。（　　）
12. 本单位借用的或其他单位暂时存放在本企业的财产物资不需要进行清查。（　　）
13. 大多数财产清查都是定期清查。（　　）
14. 定期清查既可以是全面清查，也可以是局部清查。（　　）
15. 企业与银行之间进行的账项核对，通常应于每日营业终了核对一次。（　　）

四、业务题

【资料】华晨公司201×年3月末对部分财产物资进行清查，发现如下情况：

1. 盘点库存现金时，发现长款389元，并填制“库存现金盘点报告表”。
2. 经批准，将上述长款作现金转销。
3. 盘亏钢材20千克，每千克为2 000元，共计40 000元。
4. 上述盘亏钢材原因已查明，属于计量不准造成的，经批准列作管理费用。
5. 盘盈A商品10千克，每千克为50元，共计500元。
6. 上述盘盈A商品经领导批准，可以冲减管理费用。
7. 盘亏机床一台，账面原值为28 000元，已提折旧12 000元，原因待查。
8. 上述盘亏机床原因已查明，经审核批准，转作营业外支出。
9. 经确定原欠胜利工厂货款50 000元，已无法支付，企业按规定转作营业外收入。

【要求】根据上述资料，编制会计分录。

五、实训题

【资料】华昌公司201×年6月份银行存款日记账月末余额为200 000元，银行发来的对账单所列本企业银行存款余额为189 000元，经核对，发现如下未达账项：

（1）29日，企业开出现金支票3 000元给长青工厂，但该厂尚未到银行办理相关手续。

（2）29日，银行代收A公司的货款13 000元，收款通知尚未到达企业。

（3）30日，企业送存转账支票2 000元，银行尚未入账。

（4）30日，银行已将本月的水费、电费扣除，共计20 000元，企业尚未收到相应单据。

（5）30日，一张支付给汉江公司的商业汇票到期，价值为5 000元，银行已支付，企业尚未收到相应付款单据。

【要求】根据上述资料，编制银行存款余额调节表，如表6-2所示，并指出调节后余额的含义。

表6-2 银行存款余额调节表

年 月 日 单位：元

项 目	金 额	项 目	金 额
调节后余额		调节后余额	

项目七

财务报表

模块一　财务报表概述

知识要点

1. 财务报表的概念；
2. 财务报表的作用；
3. 财务报表编制的基本要求；
4. 财务报表的种类。

学习导航

1. 学习财务报表的概念，能够说出财务报表的含义，知道账务报表的主要组成部分。
2. 学习财务报表的作用，知道各财务报表使用者所重点关注的信息。
3. 学习财务报表的种类，能够说出财务报表按不同标准进行分类的结果，知道各月报、季报、半年报及年报的报送内容及报送时间。
4. 学习财务报表的编制要求，能够理解并说出 8 项基本要求。

同步练习

一、单项选择题（本大题在每小题列出的四个选项中，只有一项符合题目要求，请将符合题目要求的选项选出。）

1. 反映企业在某一特定日期资产、负债及所有者权益情况的财务报表是（　　）。

A. 资产负债表　　B. 利润表　　C. 利润分配表　　D. 现金流量表

2. 将分散的零星的日常会计资料归纳整理为更集中、更系统、更概括的会计资料，以总括反映企业财务状况和经营成果的方法是（　　）。

A. 编制会计凭证　　B. 编制记账凭证　　C. 编制财务报表　　D. 登记会计账簿

3. 可以反映企业某一特定日期财务状况的报表是（　　）。

A. 利润表　　B. 利润分配表　　C. 资产负债表　　D. 现金流量表

4. 财务报表中有关报表项目的金额，其直接来源是（　　）。

A. 原始凭证　　B. 记账凭证　　C. 日记账　　D. 账簿记录

5. 反映企业一定会计期间现金和现金等价物流入和流出情况的报表是（　　）。

A. 资产负债表　B. 利润表　C. 利润分配表　D. 现金流量表

6. 按财务报表反映的经济内容不同而进行的分类，资产负债表属于（　　）。

A. 财务状况报表　B. 经营成果报表　C. 对外报表　D. 对内报表

7. 年度财务报表，在每年度终了时编制，应于年度终了后（　　）个月内对外提供，包括财务报表的全部内容。

A. 3　B. 4　C. 5　D. 6

8. 下列不属于动态报表的是（　　）。

A. 资产负债表　B. 利润表　C. 现金流量表　D. 所有者权益变动表

9. 下列不属于中期财务报表的是（　　）。

A. 年度财务报表　B. 半年度财务报表　C. 季度财务报表　D. 月度财务报表

10. 下列关于财务报表目标的说法中，不正确的是（　　）。

A. 向财务报表使用者提供与企业财务状况、经营成果和现金流量等有关的会计信息是财务报表的目标之一

B. 向财务报表使用者反映企业管理层受托责任的履行情况是财务报表的目标之一

C. 财务报表应该有助于财务报表使用者做出经济决策

D. 财务报表使用者只包括投资者、债权人、政府及其有关部门

11. 下列选项中，不属于财务报表编制要求的是（　　）。

A. 应当在财务报表的显著位置披露编制人员信息

B. 保持各个会计期间财务报表项目列报的一致性

C. 以持续经营为基础编制

D. 应当在财务报表的显著位置披露编报企业的名称

12. 以下不属于财务报表的是（　　）。

A. 资产负债表　B. 利润表　C. 所有者权益变动表　D. 试算平衡表

13. 下列说法不正确的是（　　）。

A. 根据《中华人民共和国会计法》的规定，会计年度自公历 1 月 1 日起至 12 月 31 日止

B. 编制年度财务报表时，可能存在年度财务报表涵盖的期间短于一年的情况，企业应当披露年度财务报表的涵盖期间短于一年的原因，以及报表数据不具可比性的事实

C. 企业在 5 月 1 日开始设立，会计年度是本年 5 月 1 日至下一年 4 月 30 日

D. 至少按年编制财务报表

14. 下列有关附注的表述中，不正确的是（　　）。

A. 附注不属于财务报表的组成部分

B. 附注是对在财务报表中列示项目的描述或明细资料

C. 附注是对未能在财务报表中列示项目的说明

D. 附注是财务报表的组成部分

15. 下列不属于财务报表基本要求的是（　　）。

A. 按正确的会计基础编制

B. 以持续经营为基础编制各项目之间的金额不得相互抵销

C. 至少应当提供所有列报项目上一个可比会计期间的比较数据

D. 严格审核会计账簿的记录和有关资料

二、多项选择题（本大题在每小题列出的四个选项中，有两项或两项以上符合题目要求，请将符合题目要求的选项选出。）

1. 中期财务报表至少应包括（　　）。

A. 资产负债表　B. 利润表　C. 现金流量表　D. 所有者权益变动表

2. 企业提供的财务报表使用者有（　　）。

A. 投资者　B. 债权人

C. 政府及相关机构　D. 企业管理人员、职工和社会公众等

3. 在编制财务报表的过程中，企业管理当局应对企业持续经营的能力进行评价，评价时需考虑企业目前或长期的（　）等因素。

A. 盈利能力　B. 管理当局经营政策的变更意向

C. 偿债能力　D. 财务风险

4. 每月终了都需编制和报送的财务报表有（　　）。

A. 资产负债表　B. 利润表　C. 利润分配表　D. 现金流量表

5. 财务报表按编报的主体不同，可分为（　　）。

A. 个别财务报表　B. 财务状况报表　C. 半年报　D. 合并财务报表

6. 财务报表的组成项目是（　　）。

A. 资产负债表　B. 利润表　C. 现金流量表　D. 所有者权益变动表

7. 财务报表编制前的准备工作包括（　　）。

A. 全面清查资产　B. 核实债务

C. 核对会计凭证和会计账簿　D. 结账

8. 反映企业财务和经营状况的核心信息，构成企业对外报送的基本财务报表是（　　）。

A. 资产负债表　B. 利润表　C. 现金流量表　D. 所有者权益变动表

9. 下列有关财务报表的表述中，正确的是（　　）。

A. 财务报表是指企业对外提供的反映企业某一特定日期财务状况和某一会计期间经营成果、现金流量等会计信息的文件

B. 企业财务报表可以为年度、半年度、季度和月度财务报表

C. 财务报表至少应当包括资产负债表、利润表、现金流量表、所有者权益变动表及附注，即“四表一注”

D. 财务会计报告就是指财务报表

10. 财务报表至少应当包括（　　）。

A. 资产负债表　B. 利润表　C. 现金流量表　D. 其他报表

11. 季度和月度的财务报表至少应当包括（　　）。

A. 利润表　B. 现金流量表　C. 资产负债表　D. 利润分配表

12. 在下列各项中，财务报表按反映的经济内容不同进行的分类有（　　）。

A. 反映财务状况的报表　B. 反映经营成果的报表

C. 反映财务状况变动情况的报表　D. 反映内部经营管理的报表

13. 下列关于财务报表报出时间符合及时性要求规定的是（　　）。

A. 季度财务报表于季度终了15日内报出

B. 季度财务报表于季度终了30日内报出

C. 月度财务报表于月份终了6日内报出

D. 半年度财务报表于中期结束后60日内报出

14. 在下列财务报表中，可以对外报送的有（　　）。

A. 资产负债表　　B. 利润表

C. 所有者权益变动表　　D. 制造成本表

15. 中期财务报表包括（　　）。

A. 年度财务报表　B. 半年度财务报表 C. 季度财务报表　D. 月度财务报表

三、判断题（判断正误，把你认为正确的在题后的括号内打“√”，错误的打“×”。）

1. 对内报送的财务报表是由主表、附表和财务报表附注组成的。（　　）

2. 小企业编制的财务报表可以不包括现金流量表。（　　）

3. 对于企业集团，除了母公司编制个别财务报表外，还应当编制集团的合并财务报表。（　　）

4. 如果以持续经营为基础编制财务报表不再合理，企业仍然应当采用持续经营为基础编制财务报表。（　　）

5. 利用报表之间的勾稽关系，可以检查报表编制的正确性。（　　）

6. 半年度、季度的企业财务报表由资产负债表、利润表、现金流量表及附注组成。（　　）

7. 对内财务报表可由企业根据各自的经营特点和管理要求自行设计。（　　）

8. 为了保证财务报表的及时性可以提前结账。（　　）

9. 我国《财务会计报告条例》规定，年度结账日为公历 12 月 31 日；半年度、季度、月度结账日分别为公历年度每半年、每季、每月的最后一天。（　　）

10. 月度财务报表在每月终了时编制，应于月份终了后 6 日内报出，至少应当包括资产负债表和利润表。会计制度规定需要编制财务报表附注的，从其规定。（　　）

11. 为了实现财务报表的编制目的，最大限度地满足财务报表使用者的信息需求，单位编制的财务报表应当符合国家统一的会计制度和会计准则的有关规定。（　　）

12. 报表附注是对资产负债表、利润表和现金流量表等报表中未列示项目的补充说明，其目的是更加全面、详细地反映单位财务状况、经营成果和现金流量之外的会计信息。（　　）

13. 财务报表至少应当包括资产负债表、利润表、现金流量表、所有者权益变动表和附注等部分。（　　）

14. 财务报表可以为企业内部的经营管理者提供必要的信息资料。（　　）

15. 企业对外报送的财务报表的具体格式、编制方法和报送时间均由财政部统一规定，任何单位不得随意增减。（　　）

模块二　资产负债表

知识要点

1. 资产负债表的概念和作用；
2. 资产负债表的列示要求；
3. 资产负债表的一般格式；
4. 资产负债表的编制方法和步骤。

学习导航

1. 学习资产负债表的概念，要知道资产负债表是反映企业在某一特定时日财务状况的报表，是静态财务报表。

2. 学习资产负债表的作用，要知道资产负债表能够表明企业拥有或控制的资源及其分布情况，表明企业未来需要清偿债务的数额及清偿时间，反映所有者所拥有的权益，反映企业财务状况趋势；可以据以判断资本保值、增值的情况，以及对负债的保障程度。

3. 学习资产负债表的列示要求，要知道资产负债表列报的总体要求及区别资产、负债、所有者权益列报的要求。

4. 学习资产负债表的一般格式，要知道我国资产负债表采用账户式结构，分为左、右两方，左侧列示资产各项目，按照资产的流动性大小依次由上到下排列；右侧列示负债和所有者权益各项目，按对企业资产享有权的先后排列，即负债在前，所有者权益在后。

5. 学习资产负债表的编制方法和步骤，主要掌握资产负债表的编制依据及表中有关项目的编制方法。重点掌握"期末余额"栏的填列方法有直接填列和分析计算填列两种。其中，直接填列可以分别根据总账账户借贷方余额填列（如"交易性金融资产"、"短期借款"、"应付职工薪酬"），分析计算填列可以根据总账账户期末余额计算填列（如"货币资金"、"未分配利润"等），根据明细账账户余额计算填列（如"应收账款"、"应付账款"、"预收账款"、"预付账款"）、根据总账账户和明细账账户余额分析计算填列（如"长期借款"），根据有关账户余额减去其备抵账户余额后的净额填列（如"固定资产"），综合运用上述填列方法分析填列（如"存货"）及根据资产负债表内有关项目金额计算填列（如"流动资产合计"、"非流动资产合计"、"资产总计"、"负债合计"、"所有者权益合计"、"负债及所有者权益总计"）。

同步练习

一、单项选择题（本大题在每小题列出的四个选项中，只有一项符合题目要求，请将符合题目要求的选项选出。）

1. 资产负债表的下列项目中，需要根据几个总账账户的期末余额进行汇总填列的是（　　）。

A. 应付职工薪酬　　B. 短期借款　　C. 货币资金　　D. 资本公积

2. 资产负债表中的"存货"项目，应根据（　　）。

A. "存货"账户的期末借方余额直接填列

B. "原材料"账户的期末借方余额直接填列

C. "原材料"、"生产成本"和"库存商品"等账户的期末借方余额之和减去"存货跌价准备"等账户期末余额后的金额填列

D. "原材料"、"工程物资"和"库存商品"等账户的期末借方余额之和填列

3. 某日，大华公司的负债为7 455万元，非流动资产合计为4 899万元，所有者权益合计为3 000万元，则当日该公司的流动资产合计应当为（　　）。

A. 2 556万元　　B. 4 455万元　　C. 1 899万元　　D. 5 556万元

4. 某企业"应付账款"明细账期末余额情况如下：应付甲企业贷方余额为200 000元，应付乙企业借方余额为180 000元，应付丙企业贷方余额为300 000元，假如该企业"预付账款"明细账均为借方余额，则根据以上数据计算的反映在资产负债表上"应付账款"项目的金额为（　　）。

A. 680 000元　　B. 320 000元　　C. 500 000元　　D. 80 000元

5. 在资产负债表中，下列科目属于流动资产的是（　　）。
A. 交易性金融资产　　B. 可供出售金融资产
C. 生产性生物资产　　D. 持有至到期投资

6. 资产负债表中的资产按（　　）排列。
A. 项目的收益性　　B. 项目的重要性
C. 项目的流动性　　D. 项目的时间性

7. 资产负债表中所有者权益的排列顺序是（　　）。
A. 未分配利润→盈余公积→资本公积→实收资本
B. 实收资本→资本公积→盈余公积→未分配利润
C. 实收资本→盈余公积→实收资本→未分配利润
D. 资本公积→盈余公积→未分配利润→实收资本

8. 关于资产负债表的格式，下列说法不正确的是（　　）。
A. 资产负债表主要有账户式和报告式
B. 我国的资产负债表采用报告式
C. 账户式资产负债表分为左右两方，左侧为资产，右侧为负债及所有者权益
D. 负债及所有者权益按照求偿权的先后顺序排列

9. 下列项目不属于流动资产的是（　　）。
A. 货币资金　　B. 应收账款　　C. 预付账款　　D. 累计折旧

10. 下列项目属于非流动负债的是（　　）。
A. 应付票据　　B. 长期借款　　C. 应付股利　　D. 应付职工薪酬

11. 资产负债表中负债项目的顺序按（　　）排列。
A. 项目的重要性程度　　B. 项目金额的大小
C. 项目的支付性大小　　D. 清偿债务的先后

12. 下列对资产流动性的描述，正确的是（　　）。
A. 应收账款的流动性大于银行存款　　B. 固定资产的流动性大于存货
C. 存货的流动性大于应收账款　　D. 库存现金的流动性大于无形资产

13. 资产负债表设计的依据是（　　）。
A. 会计基本等式　　B. 复式记账原理
C. 账户结构原理　　D. 收入 − 费用 = 利润

14. “累计折旧”项目在资产负债表上的列示是（　　）。
A. 列在流动资产类，作为固定资产的抵减项目
B. 列在固定资产类，作为固定资产的抵减项目
C. 列在流动负债类
D. 列在长期负债类

15. 不能通过资产负债表了解的会计信息是（　　）。
A. 企业固定资产的新旧程度
B. 企业资金的来源渠道和构成
C. 企业所掌握的经济资源及其分布状况
D. 企业在一定期间内资金的流入和流出的信息及现金增减变动的原因

二、多项选择题（本大题在每小题列出的四个选项中，有两项或两项以上符合题目要求，请将符合题目要求的选项选出。）

1. 资产负债表中的资产项目主要包括（　　）。
A. 流动资产　　B. 长期投资
C. 固定资产　　D. 无形资产及其他资产
2. 下列账户中，可能影响资产负债表中“预付款项”项目金额的有（　　）。
A. 预收账款　B. 应收账款　C. 应付账款　D. 预付账款
3. 下列资产项目中，属于流动资产项目的是（　　）。
A. 应收票据　B. 长期股权投资　C. 工程物资　D. 存货
4. 下列应该包括在资产负债表存货项目中的是（　　）。
A. 工程物资　B. 在途物资　C. 委托代销商品　D. 原材料
5. 资产负债表中的“货币资金”项目，应根据（　　）账户期末余额的合计数填列。
A. 备用金　B. 库存现金　C. 银行存款　D. 其他货币资金
6. 资产负债表中“期末数”的来源是（　　）。
A. 总账余额　　B. 明细账余额
C. 科目汇总表　　D. 备查登记账簿的记录
7. 下列属于非流动负债的是（　　）。
A. 长期借款　B. 应付债券　C. 应交税费　D. 长期应付款
8. 下列属于资产负债表中所有者权益项目的是（　　）。
A. 实收资本　B. 资本公积　C. 未分配利润　D. 留存收益
9. 资产负债表提供的信息，可以帮助管理者（　　）。
A. 分析企业资产的结构及其状况　　B. 分析企业目前与未来需要支付的债务数额
C. 分析企业的盈利能力　　D. 预测企业未来的盈利能力
10. 关于存货项目的填列，下列说法不正确的是（　　）。
A. 根据存货各账户余额及其与之相关的账户余额相加减后填列
B. 根据“原材料”账户余额加“材料成本差异”账户余额填列
C. 根据“库存商品”账户余额填列
D. 根据“原材料”账户余额加“库存商品”账户余额填列
11. 交易性金融资产项目，反映企业所持有的以公允价值计量且其变动计入当期损益的为交易目的所持有的金融资产。其具体包括（　　）。
A. 企业债券投资 B. 国债投资　C. 股票投资　D. 基金投资
12. 下列有关资产负债表项目的填列，符合会计准则与会计制度规定的有（　　）。
A. 一年内到期的长期负债在流动负债项目下列示
B. 存货项目应根据组成项目合计填列
C. 固定资产项目应以固定资产减去累计折旧再减去固定资产减值准备的净额列示
D. 应收账款项目所属明细有贷方余额时，应在预收账款项目列示
13. 在下列账户中，可能影响资产负债表中“应付账款”项目金额的有（　　）。
A. 应收账款　B. 预收账款　C. 应付账款　D. 预付账款
14. 资产负债表“期末余额”栏内各项数字，根据明细账科目余额计算填列的报表项目有（　　）。
A. 交易性金融资产　　B. 应付票据
C. 应收账款　　D. 应付账款

15. 应交税费项目反映企业按照税法规定计算应缴纳的各种税费，包括（　　）。
A. 增值税　　B. 消费税　　C. 土地使用税　　D. 所得税

三、判断题（判断正误，把你认为正确的在题后的括号内打“√”，错误的打“×”。）

1. 资产负债表中的资产类至少包括流动资产项目、长期投资项目和固定资产项目。（　　）

2. 资产负债表中的“固定资产”项目应根据“固定资产”账户余额直接填列。（　　）

3. 资产负债表中的所有者权益内部各项目按照流动性或变现能力排列。（　　）

4. 账户式资产负债表分为左、右两方，左侧列示资产项目，一般按照流动性大小排列；右侧列示负债及所有者权益项目，一般按要求偿还时间的先后顺序排列。（　　）

5. 资产负债表的格式主要有账户式和报告式两种，我国采用的是报告式，因此出现“财务会计报告”这个名词。（　　）

6. 资产负债表中“应收账款”项目，应根据“应收账款”账户所属明细账户的期末借方余额合计填列。如果“预收账款”账户所属有关明细账户有借方余额的，也应包括在本项目内；如果“应收账款”账户所属明细账户有贷方余额的，也应包括在“预收账款”项目内填列。（　　）

7. 在我国，资产负债表的“年初数”栏各项目数字，应根据上年年末资产负债表期末数栏内所列数字填写。（　　）

8. 资产负债表的“期末数”栏的各项目主要根据总账或有关明细账期末贷方余额直接填列。（　　）

9. 如果“应付职工薪酬”账户为借方余额，则应将其作为债权披露在资产负债表的资产方。（　　）

10. 如果某企业月末“固定资产”账户余额为 3 000 000 元，“累计折旧”账户的期末余额为 200 000 元，则该月末资产负债表中“固定资产”项目应为 2 800 000 元。（　　）

四、业务实训题

实　训　一

【资料及要求】根据表 7-1 所列“资产负债表”，填列表中括号中的空缺数字。

表 7-1　资产负债表

201×年 3 月 31 日　　会企 01 表

编制单位：泰山机械厂　　单位：元

资　产		负债及所有者权益	
项　目	金　额	项　目	金　额
货币资金	380 000	短期借款	200 000
以公允价值计量且其变动计入当期损益的金融资产	450 000	应付账款	176 000
应收票据	100 000	应交税费	59 000
应收账款	235 000	流动负债合计	（　　）
存货	（　　）	非流动负债合计	344 000
流动资产合计	1 860 000	实收资本	4 900 000
固定资产	4 270 000	资本公积	265 000
无形资产	313 000	盈余公积	379 000
非流动资产合计	（　　）	未分配利润	120 000
		所有者权益合计	（　　）
资产总计	（　　）	负债及所有者权益总计	（　　）

实　训　二

【资料及要求】201×年 10 月 31 日，迅达公司有关账户余额如表 7-2 所示。

表 7-2　迅达公司账户余额一览表

201×年 10 月 31 日　　　　单位：元

资产	借或贷	余额	负债及所有者权益	借或贷	余额
库存现金	借	3 000	短期借款	贷	80 000
银行存款	借	350 000	应付账款	贷	35 000
其他货币资金	借	9 000	——中茂企业	贷	50 000
应收账款	借	38 000	——中起企业	借	15 000
——兴旺公司	借	40 000	预收账款	贷	10 000
——兴茂公司	贷	2 000	——中通企业	贷	10 000
预付账款	借	20 000	应付职工薪酬	贷	15 000
——兴盛公司	借	20 000	应交税费	贷	5 000
原材料	借	27 000	长期借款	贷	200 000
生产成本	借	9 000	应付债券	贷	300 000
库存商品	借	60 000	其中：一年内到期的应付债券	贷	20 000
固定资产	借	710 000	实收资本	贷	400 000
累计折旧	贷	10 000	资本公积	贷	30 000
无形资产	借	90 000	盈余公积	贷	100 000
			利润分配	贷	64 000
			——未分配利润	贷	64 000
			本年利润	贷	67 000
资产合计		1 306 000	负债及所有者权益合计		1 306 000

【要求】根据上述资料计算对应资产负债表中的下列项目的数据，并写出详细的计算过程：

（1）货币资金=

（2）应收账款=

（3）预付账款=

（4）存货=

（5）应付账款=

（6）预收账款=

模块三 利 润 表

知识要点

1. 利润表的概念和作用；
2. 利润表的列示要求；
3. 利润表的一般格式；
4. 利润表的编制方法和步骤。

学习导航

1. 学习利润表的概念，能够说出利润表是反映企业在一定会计期间经营成果的财务报表，是动态财务报表。

2. 学习利润表的作用，知道利润表可以反映一定会计期间收入的实现情况、费用耗费情况及经济活动成果的实现情况。

3. 学习利润表的列示要求，知道利润表列示的基本要求。

4. 学习利润表的一般格式，知道按照我国会计制度规定，企业采用多步式利润表。

5. 学习利润表的编制方法和步骤，知道利润表的总体编制方法是依据损益类账户的发生额分别填列，并能够依次计算出营业利润、利润总额，最终计算出当期净利润。

营业利润 = 营业收入 − 营业成本 − 税金及附加 − 销售费用 − 管理费用 − 财务费用 − 资产减值损失 + 公允价值变动收益（ − 公允价值变动损失） + 投资收益（ − 投资损失）

其中：

营业收入 = 主营业务收入 + 其他业务收入

营业成本 = 主营业务成本 + 其他业务成本

利润总额 = 营业利润 + 营业外收入 − 营业外支出

净利润 = 利润总额 − 所得税费用

同步练习

一、单项选择题（本大题在每小题列出的四个选项中，只有一项符合题目要求，请将符合题目要求的选项选出。）

1. 某公司本会计期间的主营业务收入为 1 700 万元，主营业务成本为 1 190 万元，税金及附加为 170 万元，销售费用为 110 万元，管理费用为 100 万元，财务费用为 19 万元，营业外收入为 16 万元，营业外支出为 25 万元，其他业务收入为 200 万元，其他业务成本为 100 万元，应交所得税按利润总额的 25%计算，其营业利润、利润总额、企业净利润分别为（　　）。

A. 111 万元、232 万元、174 万元　　B. 211 万元、202 万元、151.5 万元

C. 356 万元、232 万元、74 万元　　D. 111 万元、202 万元、151.5 万元

2. 编制利润表所依据的会计等式是（　　）。

A. 收入 − 费用 = 利润

B. 资产 = 负债 + 所有者权益

C. 借方发生额 = 贷方发生额

D. 期初余额 + 本期借方发生额 − 本期贷方发生额 = 期末余额

3. 反映企业经营成果的财务报表是（　　）。

A. 资产负债表　B. 利润表　C. 现金流量表　D. 财务报表附注

4. 以"收入－费用＝利润"这一会计等式作为编制依据的财务报表是（　　）。

A. 资产负债表　B. 所有者权益变动表

C. 利润表　D. 现金流量表

5. 多步式利润表中"利润总额"的计算基础是（　　）。

A. 营业收入　B. 营业成本　C. 投资收益　D. 营业利润

6. 利润表属于（　　）。

A. 经营成果报表　B. 财务状况报表

C. 费用成本报表　D. 对内报表

7. 利润表的主要作用之一是（　　）。

A. 了解企业资产使用的合理性和效率

B. 分析和评价企业的短期偿债能力

C. 了解企业现有的投资者在企业资产总额中所占的份额

D. 了解投资者投入资本的保值增值情况

8. 在利润表中，与计算"营业利润"无关的项目是（　　）。

A. 营业外收入　B. 投资收益　C. 营业收入　D. 资产减值损失

9. 编制利润表的主要依据是（　　）。

A. 资产、负债及所有者权益的本期发生额

B. 各损益类账户的本期发生额

C. 资产、负债及所有者权益账户的期末余额

D. 各损益类账户的期末余额

10. 多步式利润表是通过多步计算求出当期损益，通常把利润计算分解为（　　）。

A. 营业利润、利润总额和净利润

B. 毛利、营业利润和应税利润额

C. 营业收入、营业利润和可分配利润

D. 毛利、营业利润和利润总额

二、多项选择题（本大题在每小题列出的四个选项中，有两项或两项以上符合题目要求，请将符合题目要求的选项选出。）

1. 下列各项中，影响营业利润的账户有（　　）。

A. 主营业务收入　B. 其他业务成本

C. 营业外支出　D. 税金及附加

2. 利润表的特点是（　　）。

A. 根据相关账户的本期发生额编制　B. 根据相关账户的期末余额编制

C. 属于静态报表　D. 属于动态报表

3. 下列等式正确的有（　　）。

A. 营业利润＝营业收入－营业成本－税金及附加－期间费用－资产减值损失＋公允价值变动收益（－公允价值变动损失）＋投资收益（－投资损失）

B. 期间费用＝管理费用＋销售费用＋财务费用

C. 利润总额＝营业利润＋营业外收入－营业外支出

D. 净利润＝利润总额－所得税费用

4. 利润表的格式有（　　）。

A. 单步报告式　B. 多步报告式　C. 账户式　D. 单一报告式

5. 下列关于利润表的说法，正确的有（　　）。

A. 利润表也称损益表

B. 利润表由表头、表身和表尾等部分组成

C. 利润表的格式主要有单步式和多步式两种

D. 我国利润表采用多步式结构

6. 下列属于利润表提供的信息有（　　）。

A. 实现的营业收入　B. 发生的营业成本

C. 营业利润　D. 企业本期实现的利润或发生的亏损总额

7. 营业利润项目包含的内容有（　　）。

A. 资产减值损失　B. 投资收益

C. 公允价值变动收益　D. 销售费用

8. 下列项目中，在税金及附加范围之内的是（　　）。

A. 增值税　B. 消费税　C. 房产税　D. 所得税

9. 企业利润表利润披露层次为（　　）。

A. 营业利润　B. 利润总额

C. 净利润　D. 销售商品、提供劳务产生的利润

10. 下列项目需要在利润表中列示的有（　　）。

A. 主营业务收入　B. 其他业务收入　C. 资产减值损失　D. 本年利润

三、判断题（判断正误，把你认为正确的在题后的括号内打“√”，错误的打“×”。）

1. 营业利润是以主营业务利润为基础，加上其他业务利润，减去销售费用、管理费用和财务费用，再加上营业外收入，减去营业外支出计算出来的。（　　）

2. 利润表中收入类项目大多是根据收入类账户期末结转前借方发生额减去贷方发生额后的差额填列，若差额为负数，以“－”号填列。（　　）

3. 净利润是指营业利润减去所得税费用后的金额。（　　）

4. 资产负债表是反映企业在一定会计期间经营成果的报表，属于静态报表。（　　）

5. 通过利润表提供的不同时期的比较数字，可以分析企业的获利能力及利润的未来发展趋势，了解投资者投入资本的保值增值情况。（　　）

6. 利润表的编制基础为权责发生制。（　　）

四、业务实训题

实　训　一

【资料】201×年度，新兴公司的收入和费用有关资料如表 7-3 所示（假设本期无其他纳税调整事项，适用的所得税税率为 25%）。

表 7-3　新兴公司损益类账户本期发生额

201×年度　　　　单位：元

账户名称	借方发生额	贷方发生额
主营业务收入		1 210 000
其他业务收入		135 000
营业外收入		5 000
投资收益		20 000
主营业务成本	870 000	
其他业务成本	101 000	
税金及附加	16 000	
销售费用	25 000	
管理费用	53 000	
财务费用	4 500	
资产减值损失	5 500	
营业外支出	12 000	

【要求】请计算新兴公司201×年度的利润表中营业收入、营业成本、营业利润、利润总额、所得税费用和净利润项目的金额。

实　训　二

【资料】201×年度，中通公司1—11月各损益类账户的累计发生额和12月月底转账前各损益类账户的发生额如表7-4所示（假设本期无其他纳税调整事项，适用的所得税税率为25%）。

表 7-4　中通公司损益类账户全年发生额

201×年度　　　　单位：元

账户名称	12月份发生额		1—11月累计发生额	
	借方	贷方	借方	贷方
主营业务收入		426 000		5 000 000
主营业务成本	322 000		2 800 000	
销售费用	2 600		10 000	
税金及附加	1 000		29 000	
其他业务成本	7 500		32 500	
营业外支出	2 000		11 000	
财务费用	3 000		30 000	
管理费用	4 400		50 000	
其他业务收入		9 500		45 000
营业外收入		3 000		
投资收益		20 000		

【要求】请计算中通公司201×年度的利润表中下列项目的金额，并将计算结果填入表7-5中。

表 7-5　中通公司201×年度的利润表中部分项目的金额

（1）营业收入（　　　　）元	（4）利润总额　（　　　　）元
（2）营业成本（　　　　）元	（5）所得税费用（　　　　）元
（3）营业利润（　　　　）元	（6）净利润　（　　　　）元

综合训练

一、单项选择题（本大题在每小题列出的四个选项中，只有一项符合题目要求，请将符合题目要求的选项选出。）

1. 账户式资产负债表分左、右两方，左侧列示资产，右侧列示负债及所有者权益。以下说法不正确的是（　　）。

A. 资产项目按流动性大小排列

B. 负债及所有者权益项目按求偿权先后顺序排列

C. 会计平衡公式为“资产 = 负债 + 所有者权益”

D. 会计平衡公式为“资产 − 负债 = 所有者权益”

2. 利润表的主要作用之一是（　　）。

A. 了解企业资产使用的合理性和效率

B. 分析和评价企业的短期偿债能力

C. 了解企业现有的投资者在企业资产总额中所占的份额

D. 了解投资者投入资本的保值增值情况

3. 利润表中，与计算“营业利润”无关的项目是（　　）。

A. 营业外收入　　B. 投资收益　　C. 营业收入　　D. 资产减值损失

4. 资产负债表中“应付账款”项目应根据（　　）。

A. “应付账款”总账账户的期末余额填列

B. “应付账款”总账账户所属明细账户的期末余额填列

C. “应付账款”与“预付账款”账户所属各明细科目的期末贷方余额的合计数计算填列

D. “应付账款”与“预付账款”账户所属各明细科目的期末借方余额的合计数计算填列

5. 编制利润表的主要依据是（　　）。

A. 资产、负债及所有者权益的本期发生额

B. 各损益类账户的本期发生额

C. 资产、负债及所有者权益账户的期末余额

D. 各损益类账户的期末余额

6. 资产负债表的“货币资金”项目不包括（　　）。

A. 库存现金　　B. 银行存款　　C. 其他货币资金　　D. 短期投资

7. 某项长期借款若在资产负债表日还款期短于一年，编制资产负债表时，应填制的项目为（　　）。

A. 短期借款　　B. 长期借款

C. 一年内到期的长期负债　　D. 流动负债

8. 某公司201×年10月末“应收账款”、“预收账款”总账有关明细账余额情况：“应收账款——甲”借方余额30 000元，“应收账款——乙”借方余额20 000元，“应收账款——丙”贷方余额4 000元，“预收账款——1号客户”贷方余额30 000元，“预收账款——2号客户”借方余额1 000元。应收账款计提的坏账准备为800元，该公司10月月末资产负债表中“应收账款”项目应填列（　　）。

A. 49 200元　　B. 46 000元　　C. 50 200元　　D. 45 200元

9.（接上一题）该公司10月月末资产负债表中“预收账款”项目应填列（　　）。

A. 30 000元　　B. 29 000元　　C. 33 000元　　D. 34 000元

10. 下列报表项目中可以直接填列的项目有（　　）。

A. 货币资金　　B. 应收账款　　C. 应付账款　　D. 短期借款

11. 下列关于持续经营说法，不正确的是（　　）。

A. 企业应当以持续经营为基础进行会计的确认和计量，并在此基础上编制财务报表

B. 在编制财务报表的过程中，应利用所有可获得的信息来评价企业自报告期末起至少12个月的持续经营能力

C. 企业如有近期获利经营的历史且有财务资源支持，则通常表明以持续经营为基础编制财务报表是合理的

D. 企业正式决定或被迫在当期或将在下一个会计期间进行清算或停止营业的，此时以持续经营为基础编制财务报表仍然合理

12. 利润表是反映企业在一定期间内的（　　）。

A. 财务状况和盈利能力　　B. 经营成果情况

C. 营业利润、利润总额、利润分配　　D. 营业收入、营业利润、利润分配

13. 企业对外提供反映企业某一特定日期财务状况和某一会计期间经营成果、现金流量情况的书面文件是（　　）。

A. 资产负债表　　B. 利润表　　C. 财务报表　　D. 现金流量表

14. “预付账款”应放在资产负债表中的（　　）项目中。

A. 流动资产　　B. 流动负债　　C. 长期资产　　D. 长期负债

15. 资产负债表不能提供的会计信息是（　　）。

A. 企业固定资产的新旧程度

B. 企业资金的来源渠道

C. 企业资金的来源构成

D. 企业在一定期间内现金流入和流出的信息及其增减变动的原因

二、多项选择题（本大题在每小题列出的四个选项中，有两项或两项以上符合题目要求，请将符合题目要求的选项选出。）

1. 资产负债表所提供的是企业某一特定日期的财务状况，主要包括的内容有（　　）。

A. 企业所拥有的各种经济资源（资产）

B. 企业所负担的债务（负债）及企业的偿债能力（如短期与长期偿债能力）

C. 企业所有者在企业中所持有的权益（所有者权益）

D. 企业未来财务状况的变动趋势

2. 下列项目可以直接根据总账账户余额填列的有（　　）。

A. 固定资产清理　　B. 无形资产　　C. 货币资金　　D. 应付票据

3. 资产负债表中某些项目需要根据明细分类账户的余额计算填列，如（　　）。

A. 预收账款　　B. 短期投资　　C. 应付账款　　D. 应收票据

4. 资产负债表“应付账款”项目的填制数据来源于（　　）。
A. “应付账款”总分类账户期末余额
B. “应付账款”明细分类账户期末贷方余额
C. “预付账款”明细分类账户期末贷方余额
D. “应收账款”明细分类账户期末贷方余额
5. 根据总账科目直接填列资产负债表项目的有（　　）。
A. 短期借款　B. 应收账款　C. 货币资金　D. 资本公积
6. 下列项目会影响当期利润的是（　　）。
A. 预付账款　B. 财务费用　C. 应付利息　D. 销售费用
7. 关于资产负债表，下列说法正确的有（　　）。
A. 又称财务状况表
B. 可据以分析企业的经营成果
C. 可据以分析企业的债务偿还能力
D. 可据以分析企业在某一日期所拥有的经济资源及其分布情况
8. 下列账簿，一般不作为财务报表编制依据的有（　　）。
A. 总账　B. 日记账　C. 明细账　D. 备查账
9. 资产负债表中的“存货”项目，其填制数据主要来源于（　　）。
A. 代管物资　B. 材料采购、原材料
C. 库存商品　D. 生产成本
10. 财务报表使用者包括（　　）。
A. 债务人　B. 出资人　C. 银行　D. 税务机关
11. 下列属于资产负债表所有者权益项目下列示内容的是（　　）。
A. 股本　B. 资本公积　C. 库存股　D. 盈余公积
12. 在下列各项中，根据财务报表反映的不同经济内容进行分类的有（　　）。
A. 财务状况　B. 经营成果
C. 企业收支情况　D. 内部经营管理
13. 判断项目性质的重要性，应当考虑（　　）。
A. 该项目在性质上是否属于企业的日常活动
B. 是否显著影响企业的财务状况
C. 是否显著影响企业的经营成果
D. 该项目是否影响现金流量
14. 财务报表编制的基本要求有（　　）。
A. 以持续经营为基础　B. 至少按年编制
C. 按正确的会计基础编制　D. 各项目之间的金额不得相互抵销
15. 在编制财务报表的过程中，企业管理层应当利用所有可获得的信息来评价企业自报告期末起至少 12 个月的持续经营能力，评价时需要考虑的因素有（　　）。
A. 宏观政策风险　B. 市场经营风险
C. 企业目前或长期的盈利能力　D. 财务弹性

三、判断题（判断正误，把你认为正确的在题后的括号内打“√”，错误的打“×”。）

1. 资产负债表是反映企业在一定时期内财务状况变动情况的报表。 （ ）

2. 资产负债表是总括反映企业特定日期资产、负债和所有者权益情况的动态报表，通过它可以了解企业资产来源构成和承担的债务及资金的流动性和偿债能力。 （ ）

3. “资产 = 负债 + 所有者权益”这一会计等式，是资产负债表的理论依据。 （ ）

4. 编制以12月31日为资产负债表日的资产负债表时，表中的“未分配利润”项目应根据“利润分配”账户的年末余额直接填列。 （ ）

5. 201×年3月31日，某公司“本年利润”账户为贷方余额153 000元，“利润分配”账户为贷方余额96 000元，则当日编制的资产负债表中，“未分配利润”项目的“期末余额”应为57 000元。 （ ）

6. 201×年12月31日，某公司“长期借款”账户为贷方余额520 000元，其中，一年内到期的借款为200 000元，则当日编制的资产负债表中，“长期借款”项目的“期末余额”应为320 000元。 （ ）

7. 通过利润表，可以考核企业一定会计期间的经营成果，分析企业的获利能力及利润的未来发展趋势，了解投资者投入资本的保值增值情况。 （ ）

8. 净利润是指营业利润减去所得税费用后的净额。 （ ）

9. 营业利润是指扣除管理费用、销售费用、财务费用和所得税费用后所得到的净利润。 （ ）

10. 利润表是反映企业在特定日期利润（亏损）实现情况的财务报表，它属于静态报表。 （ ）

11. 企业所有的报表应该采用权责发生制原则进行编制。 （ ）

12. 企业在资产负债表日或之前违反了长期借款协议，导致贷款人可随时要求清偿的负债，应当归类为流动负债。 （ ）

13. 流动资产以外的资产应当归类为非流动资产，并应按其性质分类列示。 （ ）

14. 企业以一年（12个月）作为正常的营业周期。 （ ）

15. 对于在资产负债表日起一年内到期的负债，企业有意图且有能力自主地将清偿义务展期至资产负债表日后一年以上的，应当归类为非流动负债。 （ ）

四、业务实训题

实 训 一

【资料】201×年11月30日，通达公司有关账户余额如表7-6所示。

表 7-6 通达公司账户余额表

201×年 11 月 30 日　　单位：元

账户名称		借方	贷方
总分类账户	明细分类账户		
库存现金		3 000	
银行存款		2 590 000	
其他货币资金		32 000	
应收账款	东方公司	55 000	
	南通公司		2 000
预付账款	西峰公司	2 000	
	中意公司		500
其他应账款		3 000	
坏账准备			4 000
原材料		410 000	
库存商品		210 000	
生产成本		320 000	
在途物资		4 000	
持有至到期投资	债券投资	80 000	
固定资产		2 390 000	
累计折旧			250 000
无形资产		60 000	
短期借款			20 000
应付账款	天翔公司	50 500	
预收账款	吉祥公司		150 000
	嘉惠公司	30 000	
	金汇公司		60 000
其它应付款			3 000
应交税费			8 000
应付职工薪酬			120 000
长期借款			120 000
实收资本			5 000 000
盈余公积			3 000
本年利润			520 000
利润分配		21 000	
合计		6 260 500	6 260 500

【要求】根据上述资料，编制一份资产负债表，如表 7-7 所示。

表 7-7　资产负债表

会企 01 表

编制单位：　　　　　　　　　　　　年　　月　　日　　　　　　　　　　　单位：元

资　　产	期末余额	年初余额	负债及所有者权益	期末余额	年初余额
流动资产：		略	流动负债：		略
货币资金			短期借款		
以公允价值计量且其变动计入当期损益的金融资产			以公允价值计量且其变动计入当期损益的金融负债		
应收票据			应付票据		
应收账款			应付账款		
预付账款			预收账款		
应收利息			应付职工薪酬		
应收股利			应交税费		
其他应收款			应付利息		
存货			应付股利		
一年内到期的非流动资产			其他应付款		
其他流动资产			一年内到期的非流动负债		
流动资产合计			其他流动负债		
非流动资产：			流动负债合计		
可供出售金融资产			非流动负债：		
持有至到期投资			长期借款		
长期应收款			应付债券		
长期股权投资			长期应付款		
投资性房地产			专项应付款		
固定资产			预计负债		
在建工程			递延收益		
工程物资			递延所得税负债		
固定资产清理			其他非流动负债		
生产性生物资产			非流动负债合计		
油气资产			负债合计		
无形资产			所有者权益（或股东权益）：		
开发支出			实收资本(或股本)		
商誉			资本公积		
长期待摊费用			减：库存股		
递延所得税资产			其他综合收益		
其他非流动资产			盈余公积		
非流动资产合计			未分配利润		
			所有者权益（或股东权益）合计		
资产总计			负债和所有者权益（或股东权益）总计		

实 训 二

【资料】201×年 10 月 31 日，通达公司损益类账户本期发生额如表 7-8 所示（假设本期无其他纳税调整事项，适用的所得税税率为 25%）。

表 7-8 通达公司损益类账户本期发生额

201×年 10 月　　　　单位：元

主营业务收入		43 000
其他业务收入		4 000
营业外收入		2 000
投资收益		11 000
主营业务成本	15 000	
其他业务成本	800	
税金及附加	4 000	
销售费用	8 000	
管理费用	3 200	
财务费用	800	
资产减值损失	2 000	
营业外支出	1 500	

【要求】根据上述资料，编制利润表，如表 7-9 所示。

表 7-9 利 润 表　　　　会企 02 表

编制单位：　　　　年　　月　　　　单位:元

项　　目	本期金额	上期金额
一、营业收入		
减：营业成本		
税金及附加		
销售费用		
管理费用		
财务费用		
资产减值损失		
加：公允价值变动收益（损失以“-”号填列）		
投资收益（损失以“-”号填列）		
其中：对联营企业和合营企业的投资收益		（略）
二、营业利润（亏损以“-”号填列）		
加：营业外收入		
减：营业外支出		
其中：非流动资产处置损失		
三、利润总额（亏损总额以“-”号填列）		
减：所得税费用		
四、净利润（净亏损以“-”号填列）		

项目八

账务处理程序

模块一 账务处理程序概述

知识要点

1. 账务处理程序的概念与意义；
2. 账务处理程序的种类；
3. 选择账务处理程序的基本要求。

学习导航

1. 学习账务处理程序的概念与意义，主要理解账务处理程序的构成要素包括会计凭证、账簿和财务报表，它们是以一定的形式结合起来构成的完整核算程序。明确账务处理程序的意义，有利于规范会计工作，保证会计信息加工过程的严密性，提高会计信息质量；有利于保证会计记录的完整性和正确性，增强会计信息的可靠性；有利于减少不必要的会计核算环节，提高会计工作效率，保证会计信息的及时性。

2. 学习账务处理的种类，掌握常见的账务处理程序，包括记账凭证账务处理程序、科目汇总表账务处理程序和汇总记账凭证账务处理程序等，它们之间的主要区别为登记总分类账的依据和方法不同。

3. 学习账务处理程序的选择要符合的基本要求，明确会计部门应当根据本单位的实际情况，选择适当的账务处理程序进行会计核算。

同步练习

一、单项选择题（本大题在每小题列出的四个选项中，只有一项符合题目要求，请将符合题目要求的选项选出。）

1. 会计凭证、会计账簿、财务报表相结合的方式是指（　　）。
   A. 账簿组织　B. 账务处理程序　C. 记账程序　D. 会计组织
2. 账务处理程序，也称（　　）。
   A. 会计核算形式　B. 会计核算循环形式
   C. 会计核算结合形式　D. 会计核算填制形式
3. 各种账务处理程序的主要区别是（　　）。
   A. 登记明细分类账的依据和方法不同　B. 总账的格式不同
   C. 登记总分类账的依据和方法不同　D. 编制财务报表的依据不同

二、多项选择题（本大题在每小题列出的四个选项中，有两项或两项以上符合题目要求，请将符合题目要求的选项选出。）

1. 选择账务处理程序应符合以下要求（　　）。
   A. 要与单位的规模大小、经济业务的繁简程度相适应
   B. 要与单位经营管理的要求和特点相适应
   C. 要及时、正确、完整地提供会计信息使用者需要的会计核算资料
   D. 要力求简化核算手续，降低成本，节约人力和物力
2. 企业常用的账务处理程序有（　　）。
   A. 记账凭证账务处理程序　B. 多栏式日记账账务处理程序
   C. 科目汇总表账务处理程序　D. 汇总记账凭证账务处理程序
3. 账务处理程序包括（　　）。
   A. 账簿组织　B. 成本计算　C. 会计核算　D. 记账程序

三、判断题（判断正误，把你认为正确的在题后的括号内打“√”，错误的打“×”。）

1. 账务处理程序就是会计循环。（　　）
2. 同一个企业可以同时采用几种不同的账务处理程序。（　　）
3. 会计部门应根据本单位的实际情况，选择适当的账务处理程序进行会计核算。（　　）

模块二　记账凭证账务处理程序

知识要点

1. 记账凭证账务处理程序的概念与基本特点；
2. 记账凭证账务处理程序的一般步骤；
3. 记账凭证账务处理程序的优缺点及适用范围。

学习导航

1. 掌握记账凭证账务处理程序的概念和特点，其特点是直接根据记账凭证逐步登记总分类账。明确记账凭证账务处理程序是账务处理程序中最基本的账务处理程序。

2. 学习记账凭证账务处理程序的一般步骤，掌握记账凭证账务处理程序的顺序和步骤：①根据有关原始凭证填制汇总原始凭证；②根据原始凭证或汇总原始凭证，填制收款凭证、付款凭证和转账凭证，也可以填制通用记账凭证；③根据收款凭证和付款凭证逐笔登记库存现金日记账和银行存款日记账；④根据原始凭证、汇总原始凭证和记账凭证，登记各种明细分类账；⑤根据记账凭证逐笔登记总分类账；⑥期末，将库存现金日记账、银行存款日记账和明细分类账的余额与有关总分类账的余额核对相符；⑦期末，根据总分类账和明细分类账的记录，编制财务报表。

3. 学习记账凭证账务处理程序的应用举例，引导学生通过实际训练进一步掌握记账凭证

账务处理程序的步骤。

4. 学习记账凭证账务处理程序的优缺点及适用范围，明确记账凭证账务处理程序是一种简单明了、易于理解的账务处理程序，由于其登记总分类账的工作量较大，一般适用于规模较小、经济业务较少的单位。

同步练习

一、单项选择题（本大题在每小题列出的四个选项中，只有一项符合题目要求，请将符合题目要求的选项选出。）

1. 记账凭证账务处理程序下登记总分类账的依据是（　　）。
   A. 原始凭证　　B. 汇总记账凭证
   C. 财务报表　　D. 记账凭证
2. 最基本的账务处理程序是（　　）。
   A. 记账凭证账务处理程序　　B. 汇总记账凭证账务处理程序
   C. 科目汇总表账务处理程序　　D. 日记总账账务处理程序
3. 经营规模较小、经济业务较少的单位一般采用（　　）。
   A. 汇总记账凭证账务处理程序　　B. 科目汇总表账务处理程序
   C. 记账凭证账务处理程序　　D. 日记总账账务处理程序
4. 记账凭证账务处理程序的主要缺点是（　　）。
   A. 登记总分类账的工作量较大　　B. 不便于合理分工
   C. 不能体现账户的对应关系　　D. 方法不易掌握
5. 直接根据记账凭证逐笔登记总分类账的是（　　）。
   A. 科目汇总表账务处理程序　　B. 记账凭证账务处理程序
   C. 汇总记账凭证账务处理程序　　D. 多栏式日记账账务处理程序

二. 多项选择题（本大题在每小题列出的四个选项中，有两项或两项以上符合题目要求，请将符合题目要求的选项选出。）

1. 记账凭证账务处理程序的优点有（　　）。
   A. 登记总分类账的工作量小
   B. 在总分类账上能够比较详细地反映经济业务的发生情况
   C. 简单明了
   D. 易于理解
2. 以下属于记账凭证账务处理程序的是（　　）。
   A. 根据原始凭证或汇总原始凭证填制通用记账凭证或收款凭证、付款凭证、转账凭证
   B. 根据收款凭证、付款凭证逐笔登记库存现金日记账和银行存款日记账
   C. 根据原始凭证、汇总原始凭证和记账凭证登记各种明细账
   D. 根据记账凭证逐笔登记总账
3. 记账凭证账务处理程序一般适用于（　　）。
   A. 经营规模较大的单位　　B. 经济业务较多的单位
   C. 经营规模较小的单位　　D. 经济业务较少的单位
4. 记账凭证账务处理程序下，可以根据记账凭证登记的账簿有（　　）。
   A. 现金日记账　　B. 银行存款日记账
   C. 各种明细账　　D. 总分类账

5. 记账凭证账务处理程序中的记账凭证可以用来（　　）。
A. 登记总分类账　　B. 登记明细分类账
C. 编制财务报表　　D. 填制汇总原始凭证

三、判断题（判断正误，把你认为正确的在题后的括号内打“√”，错误的打“×”。）

1. 记账凭证账务处理程序的特点是直接根据记账凭证登记总分类账。（　　）

2. 在记账凭证账务处理程序下，记账凭证可以使用专用记账凭证，也可以使用通用记账凭证。（　　）

3. 记账凭证账务处理程序的主要缺点是总分类账的登记工作量较大。（　　）

4. 记账凭证账务处理程序中的库存现金日记账、银行存款日记账的登记依据是收款凭证、付款凭证和转账凭证。（　　）

5. 在记账凭证账务处理程序下，编制财务报表的依据是总账及有关的日记账、明细账。（　　）

四、业务题

【资料】熙坤公司为增值税一般纳税人，有关资料如下。

1. 201×年8月31日公司总分类账户期末余额如表8-1所示。

表8-1　总分类账户期末余额表

单位：元

账户名称	借方余额	账户名称	贷方余额
库存现金	1 900	累计折旧	285 000
银行存款	355 000	短期借款	80 000
应收账款	46 800	应付账款	22 700
原材料	80 000	实收资本	600 000
库存商品	105 000	资本公积	81 000
固定资产	650 000	盈余公积	150 000
		利润分配	20 000
合　计	1 238 700	合　计	1 238 700

2. 201×年9月份发生如下经济业务：

（1）1日，生产甲产品领用原材料900千克，单价为30元。

（2）6日，采购员李洋出差，预借差旅费1 000元，以现金支付。

（3）8日，收到华光工厂前欠货款46 800元，存入银行。

（4）12日，以银行存款支付产品广告费6 200元、业务招待费800元。

（5）15日，以银行存款发放职工工资50 000元。

（6）16日，经批准，以资本公积42 000元转增资本。

（7）18日，以现金支付办公用品费400元，其中，生产车间180元，行政管理部门220元。

（8）21日，销售给美联工厂甲产品240件，单价为500元，增值税税率为17%，收到为期3个月的商业汇票一张。

（9）23日，从东风工厂购入原材料500千克，买价为15 000元，增值税税额为2 550元，款项尚未支付，材料已验收入库。

（10）25日，从银行借入期限为2年的借款150 000元，已存入企业银行存款户。

【要求】

1. 根据上述经济业务编制专用记账凭证，如表8-2所示。

表8-2 熙坤公司简易记账凭证表

年		凭证		摘要	账户名称	借方金额	贷方金额
月	日	字	号				

2. 根据收款凭证、付款凭证逐日逐笔登记银行存款日记账，如表8-3所示。

表8-3 银行存款日记账 第 页

年		凭证		摘要	对方科目	收入									支出									余额								
月	日	字	号			百	十	万	千	百	十	元	角	分	百	十	万	千	百	十	元	角	分	百	十	万	千	百	十	元	角	分

3. 根据原始凭证、原始凭证汇总表和记账凭证逐笔登记有关明细账（只登记管理费用明细账，其他从略），如表8-4所示。

表 8-4 管理费用明细账

第 页

	年	凭证		摘要	借方金额																																															
																																													合计							
月	日	字	号		十	万	千	百	十	元	角	分	十	万	千	百	十	元	角	分	十	万	千	百	十	元	角	分	十	万	千	百	十	元	角	分	十	万	千	百	十	元	角	分	十	万	千	百	十	元	角	分

4. 根据记账凭证逐笔登记总分类账（只登记原材料、应收账款总分类账，其他从略），如表8-5和表8-6所示。

表 8-5 总分类账

会计科目：原材料

第 页

	年	凭证		摘要	借方金额									贷方金额									借或贷	余额								
月	日	字	号		百	十	万	千	百	十	元	角	分	百	十	万	千	百	十	元	角	分		百	十	万	千	百	十	元	角	分

表 8-6 总分类账

会计科目：应收账款

第 页

	年	凭证		摘要	借方金额									贷方金额									借或贷	余额								
月	日	字	号		百	十	万	千	百	十	元	角	分	百	十	万	千	百	十	元	角	分		百	十	万	千	百	十	元	角	分

模块三　科目汇总表账务处理程序

知识要点

1. 科目汇总表账务处理程序的概念与特点；
2. 科目汇总表账务处理程序的一般步骤；
3. 科目汇总表的编制方法；
4. 科目汇总表账务处理程序的优缺点及适用范围。

学习导航

1. 学习科目汇总表账务处理程序的概念与特点，掌握科目汇总表账务处理程序的特点是先将所有记账凭证汇总编制成科目汇总表，然后以科目汇总表为依据登记总分类账。

2. 学习科目汇总表账务处理程序的一般步骤，掌握其具体内容，并与记账凭证账务处理程序的步骤进行比较，找出不同点；根据各种记账凭证编制科目汇总表；根据科目汇总表登记总分类账。

3. 学习科目汇总表的编制方法，明确科目汇总表的含义，了解科目汇总表的作用，掌握科目汇总表的编制方法。

4. 学习科目汇总表账务处理程序的应用举例，通过实际训练掌握其账务处理程序，特别是掌握科目汇总表的编制方法及总分类账的登记方法。

5. 学习科目汇总表账务处理程序的优缺点及适用范围，明确科目汇总表账务处理程序的优点是减轻了登记总账的工作量，易于理解，方便学习，并可做到试算平衡；缺点是科目汇总表不能反映各个账户之间的对应关系，不便于对经济业务进行分析和检查，不便于对账目进行检查。该账务处理程序适用于经济业务较多的单位。

同步练习

一、单项选择题（本大题在每小题列出的四个选项中，只有一项符合题目要求，请将符合题目要求的选项选出。）

1. 科目汇总表的编制方法是（　　）。
   A. 按照不同会计科目进行归类，定期汇总
   B. 按照相同会计科目进行归类，定期汇总
   C. 按照借方会计科目进行归类，定期汇总
   D. 按照贷方会计科目进行归类，定期汇总
2. 科目汇总表账务处理程序的特点是（　　）。
   A. 根据各种记账凭证直接登记总分类账
   B. 根据科目汇总表登记明细分类账
   C. 根据汇总记账凭证登记总分类账
   D. 根据科目汇总表登记总分类账

3. 编制科目汇总表的直接依据是（　　）。
A. 原始凭证　B. 汇总原始凭证　C. 记账凭证　D. 汇总记账凭证
4. 科目汇总表账务处理程序与记账凭证账务处理程序的主要区别是（　　）。
A. 登记总分类账的依据和方法不同
B. 登记明细账的依据不同
C. 登记日记账的依据不同
D. 编制财务报表的方法不同
5. 科目汇总表账务处理程序比记账凭证账务处理程序增设了（　　）。
A. 原始凭证汇总表　B. 汇总原始凭证
C. 科目汇总表　D. 汇总记账凭证
6. 科目汇总表又称（　　）。
A. 记账凭证汇总表　B. 汇总原始凭证
C. 汇总记账凭证　D. 记账程序
7. 经济业务较多的单位适宜采用的账务处理程序是（　　）。
A. 记账凭证账务处理程序
B. 科目汇总表账务处理程序
C. 多栏式日记账账务处理程序
D. 日记总账账务处理程序
8. 下列关于科目汇总表账务处理程序的描述，错误的是（　　）。
A. 科目汇总表账务处理程序减轻了登记总分类账的工作量
B. 科目汇总表账务处理程序起到了试算平衡的作用
C. 科目汇总表账务处理程序下总分类账能明确反映各账户之间的对应关系
D. 科目汇总表账务处理程序以记账凭证汇总表为依据登记总分类账

二、多项选择题（本大题在每小题列出的四个选项中，有两项或两项以上符合题目要求，请将符合题目要求的选项选出。）

1. 科目汇总表账务处理程序的缺点有（　　）。
A. 不便于查账、对账
B. 不能反映各账户之间的对应关系
C. 不便于对经济业务进行分析和检查
D. 增加了登记总账的工作量
2. 在科目汇总表账务处理程序下，其账务处理程序包括（　　）。
A. 根据原始凭证、汇总原始凭证填制通用记账凭证或收款凭证、付款凭证、转账凭证
B. 根据收款凭证、付款凭证逐日逐笔登记库存现金日记账和银行存款日记账
C. 根据各种记账凭证编制科目汇总表
D. 根据科目汇总表登记总分类账
3. 科目汇总表账务处理程序的优点有（　　）。
A. 可以进行账户发生额的试算平衡　B. 可以减轻登记总账的工作量
C. 便于查对账目　D. 能反映各账户之间的对应关系
4. 采用科目汇总表账务处理程序时，月末要与总分类账进行核对的有（　　）。
A. 库存现金日记账　B. 明细分类账
C. 科目汇总表　D. 银行存款日记账

5. 科目汇总表汇总的范围是（　　）。
   A. 全部账户的借方发生额　　B. 全部账户的贷方发生额
   C. 汇总记账凭证的数额　　D. 全部账户的借、贷方余额
6. 对于科目汇总表账务处理程序，下列说法正确的有（　　）。
   A. 科目汇总表是登记总账的依据
   B. 科目汇总表账务处理程序减少了登记总账的工作量
   C. 根据涉及的每个会计科目编制一份科目汇总表
   D. 不能依据科目汇总表登记明细分类账

三、判断题（判断正误，把你认为正确的在题后的括号内打"√"，错误的打"×"。）

1. 在科目汇总表账务处理程序下，总分类账需逐日逐笔地进行登记。（　　）
2. 在科目汇总表账务处理程序下，总分类账均应依据科目汇总表进行登记。（　　）
3. 编制的科目汇总表，不仅可以起到试算平衡的作用，还可以反映各账户之间的对应关系。（　　）
4. 以汇总原始凭证作为登记总账的依据是科目汇总表账务处理程序的特点。（　　）
5. 科目汇总表账务处理程序不便于对经济业务进行分析和检查，不便于查账、对账。（　　）
6. 在科目汇总表上按各个会计科目归类、汇总其发生额，并计算其余额。（　　）

四、业务题

【要求】

1. 根据模块二中的业务题资料按月编制科目汇总表，如表8-7所示。

表8-7　科目汇总表

年　月　日至　日　　　　科汇字第　号

账户名称	借方发生额	贷方发生额	账页（√）	记账凭证起讫号数
合　计				

2. 根据科目汇总表登记总账（只登记库存现金、应付账款总分类账，其他从略），如表 8-8 和表 8-9 所示。

表 8-8 总分类账

会计科目：库存现金　　　　第　页

年		凭证		摘要	借方金额									贷方金额									借或贷	余额								
月	日	字	号		百	十	万	千	百	十	元	角	分	百	十	万	千	百	十	元	角	分		百	十	万	千	百	十	元	角	分

表 8-9 总分类账

会计科目：应付账款　　　　第　页

年		凭证		摘要	借方金额									贷方金额									借或贷	余额								
月	日	字	号		百	十	万	千	百	十	元	角	分	百	十	万	千	百	十	元	角	分		百	十	万	千	百	十	元	角	分

模块四　汇总记账凭证账务处理程序

知识要点

1. 汇总记账凭证账务处理程序的概念与特点；
2. 汇总记账凭证账务处理程序的一般步骤；
3. 汇总记账凭证的含义、种类及各种汇总记账凭证的编制方法；
4. 汇总记账凭证账务处理程序的优缺点及适用范围。

学习导航

1. 掌握汇总记账凭证账务处理程序的特点（先根据记账凭证编制汇总记账凭证，再根据汇总记账凭证登记总分类账）。

2. 学习汇总记账凭证账务处理程序的一般步骤，掌握其具体内容，并与记账凭证账务处理程序、科目汇总表账务处理程序的步骤进行比较，找出不同点；根据各种记账凭证编制有关汇总记账凭证；根据各种汇总记账凭证登记总分类账。

3. 学习汇总记账凭证的编制方法，理解汇总记账凭证的含义及种类。掌握汇总收款凭证、汇总付款凭证和汇总转账凭证的具体编制方法。应注意，汇总付款凭证和汇总转账凭证是按贷方科目设置、按借方科目汇总编制而成的，而汇总收款凭证是按借方科目设置、按贷方科目汇总编制而成的。

4. 学习汇总记账凭证账务处理程序的优缺点及适用范围，掌握该种账务处理程序的优点。汇总记账凭证的优点是减轻了登记总分类账的工作量，能体现各账户之间的对应关系，反映各项经济业务的来龙去脉，便于企业对经济业务进行分析、检查和查找错账。缺点是当转账凭证较多时，编制汇总转账凭证的工作量较大，并且按每个贷方账户编制汇总转账凭证，不利于会计核算的日常分工。汇总记账凭证账务处理程序适用于经营规模较大、经济业务较多的单位。

同步练习

一、单项选择题（本大题在每小题列出的四个选项中，只有一项符合题目要求，请将符合题目要求的选项选出。）

1. 在编制记账凭证时，要求会计科目按一借一贷的形式编制，是为了（　　）。

A. 登记总分类账　　B. 编制汇总记账凭证
C. 编制科目汇总表　　D. 登记多栏日记账

2. 编制汇总收款凭证的依据是（　　）。

A. 原始凭证　　B. 汇总原始凭证
C. 付款凭证　　D. 收款凭证

3. 汇总记账凭证账务处理程序适用于（　　）。

A. 经营规模较大、经济业务较多的单位　　B. 经营规模较小、经济业务不多的单位
C. 经营规模较大、经济业务不多的单位　　D. 经营规模较小、经济业务较多的单位

4. 汇总付款凭证的贷方科目可能是（　　）。

A. 应收账款或应付账款　　B. 固定资产或实收资本
C. 库存现金或银行存款　　D. 管理费用或制造费用

5. 在汇总记账凭证账务处理程序下，总分类账的记账依据是（　　）。

A. 原始凭证　　B. 记账凭证
C. 科目汇总表　　D. 汇总记账凭证

6. 汇总收款凭证的借方科目可能是（　　）。

A. 库存现金或银行存款　　B. 固定资产或实收资本
C. 应收账款或应付账款　　D. 管理费用或生产成本

7. 汇总付款记账凭证是按记账凭证的贷方科目设置、借方科目汇总的。下列贷方科目的设置正确的是（　　）。

A. 固定资产　　B. 银行存款　　C. 应付账款　　D. 实收资本

8. 汇总记账凭证账务处理程序设置收款凭证、付款凭证和转账凭证，据以登记（　　）。
A. 明细分类账　B. 总分类账
C. 记账凭证汇总表　D. 财务报表

二、多项选择题（本大题在每小题列出的四个选项中，有两项或两项以上符合题目要求，请将符合题目要求的选项选出。）

1. 汇总记账凭证可以分为（　　）。
A. 汇总收款凭证　B. 汇总付款凭证
C. 原始凭证汇总表　D. 汇总转账凭证
2. 各种账务处理程序中的一般步骤相同的有（　　）。
A. 根据原始凭证或汇总原始凭证编制记账凭证
B. 根据原始凭证、汇总原始凭证和记账凭证登记明细账
C. 根据记账凭证逐笔登记总账
D. 根据明细账及总账记录、编制财务报表
3. 为便于汇总转账凭证的编制，在编制转账凭证时，会计分录的形式必须是（　　）。
A. 一借一贷　B. 一贷多借
C. 一借多贷　D. 多借多贷
4. 汇总记账凭证适用于（　　）的单位。
A. 经营规模较大　B. 经济业务较多
C. 经营规模较小　D. 经济业务适中
5. 适用于业务较多的账务处理程序有（　　）。
A. 汇总记账凭证账务处理程序
B. 记账凭证账务处理程序
C. 科目汇总表账务处理程序
D. 多栏式日记账账务处理程序
6. 对于汇总记账凭证账务处理程序，下列说法正确的有（　　）。
A. 根据库存现金收款凭证编制汇总现金收款凭证
B. 根据银行存款收款凭证编制汇总银行存款收款凭证
C. 根据转账凭证每个贷方科目编制汇总转账凭证
D. 不能编制汇总现金付款凭证和汇总银行存款付款凭证

三、判断题（判断正误，把你认为正确的在题后的括号内打“√”，错误的打“×”。）

1. 汇总收款凭证、汇总付款凭证和汇总转账凭证应每月分别汇总一次。（　　）

2. 在汇总记账凭证账务处理程序下，汇总转账凭证一般应按每个借方科目分别设置并按贷方科目汇总。（　　）

3. 如果在一个月内某一贷方账户的转账凭证不多，可不编制汇总转账凭证，直接根据单个的转账凭证登记总分类账。（　　）

4. 汇总记账凭证账务处理程序适用于经营规模较大、经济业务较多的单位。（　　）

5. 由于汇总记账凭证账务处理程序大大减少了登记总账的工作量，因而这种账务处理程序适用于一切类型的单位。（　　）

6. 汇总收款凭证、汇总付款凭证和汇总转账凭证的编制方法是相同的。（　　）

7. 汇总记账凭证账务处理程序不能反映各账户之间的对应关系，不便于查对账目，但科目汇总表账务处理程序可以克服汇总记账凭证账务处理程序的这个缺点。（　　）

8. 在编制汇总记账凭证的过程中贷方账户必须唯一，借方账户可一个或多个，即转账凭证必须一借一贷或多贷一借。（　　）

四、业务题

【目的】编制汇总记账凭证。

【资料】熙瑞公司 201×年 3 月份发生了以下经济业务，增值税税率为 17%。

（1）1 日，向海林公司采购甲材料 1 000 千克，买价为 2 000 元，增值税税额为 340 元，材料已验收，款项未付。

（2）5 日，向海华公司采购乙材料 2 000 千克，买价为 3 000 元，增值税税额为 510 元，材料未到，货款已用银行存款支付。

（3）8 日，王锦出差预借差旅费 1 000 元，用现金支付。

（4）10 日，以银行存款支付本月 1 日采购甲材料的货款。

（5）14 日，本月 5 日采购的乙材料验收入库。

（6）19 日，从银行提取现金 2 000 元备用。

（7）22 日，销售 A 产品一批，售价为 20 000 元，增值税税额为 3 400 元，货款已存入银行。

（8）25 日，行政管理部门采购办公用品一批，用现金支付 800 元。

（9）28 日，王锦出差归来，报销 900 元，余款 100 元交回。

（10）31 日，生产 B 产品领用甲材料，计 1 400 元，行政管理部门领用乙材料，计 300 元。

【要求】

1. 根据上述经济业务填制专用会计凭证，如表 8-10 所示。

表 8-10　熙瑞公司会计凭证简表

年		凭证		摘　要	账户名称	借方金额	贷方金额
月	日	字	号				

续表

年		凭证		摘　要	账户名称	借方金额	贷方金额
月	日	字	号				

2. 根据收款凭证编制“库存现金”汇总收款凭证，如表 8-11 所示。

表 8-11　汇总收款凭证

借方科目：__________　　　　年　　月　　　　汇收字第　　号

贷方科目	金　额				总账页数	
	1—10 日收款凭证 第 号至第 号	11—20 日收款凭证 第 号至第 号	21—31 日收款凭证 第 号至第 号	合计	借方	贷方
					（略）	（略）
合　计						

3. 根据付款凭证编制“银行存款”的汇总付款凭证，如表 8-12 所示。

表 8-12　汇总付款凭证

贷方科目：__________　　　　年　　月　　　　汇付字第　　号

借方科目	金　额				总账页数	
	1—10 日付款凭证 第 号至第 号	11—20 日付款凭证 第 号至第 号	21—31 日付款凭证 第 号至第 号	合计	借方	贷方
					（略）	（略）
合　计						

4. 根据转账凭证编制“原材料”的汇总转账凭证，如表8-13所示。

表8-13 汇总转账凭证

贷方科目：__________　　　　年　　月　　　　汇转字第　　号

借方科目	金额				总账页数	
	1—10日转账凭证 第 号至第 号	11—20日转账凭证 第 号至第 号	21—31日转账凭证 第 号至第 号	合计	借方	贷方
					（略）	（略）
合　计						

综合训练

一、单项选择题（本大题在每小题列出的四个选项中，只有一项符合题目要求，请将符合题目要求的选项选出。）

1. 记账凭证账务处理程序适用于（　　）。
   A. 经营规模大、业务量大的单位　　B. 经营规模小、业务量大的单位
   C. 经营规模小、业务量小的单位　　D. 任何单位
2. 以下不能反映各账户之间对应关系的账务处理程序是（　　）。
   A. 科目汇总表账务处理程序　　B. 汇总记账凭证账务处理程序
   C. 多栏式日记账账务处理程序　　D. 日记总账账务处理程序
3. 在各种不同账务处理程序中，不能作为登记总账依据的是（　　）。
   A. 记账凭证　　B. 汇总记账凭证
   C. 汇总原始凭证　　D. 科目汇总表
4. 以下账务处理程序登记总账工作量最大的是（　　）。
   A. 汇总记账凭证账务处理程序　　B. 记账凭证账务处理程序
   C. 科目汇总表账务处理程序　　D. 日记总账账务处理程序
5. 科目汇总表账务处理程序登记总账的直接依据是（　　）。
   A. 各种记账凭证　　B. 记账凭证汇总表
   C. 汇总记账凭证　　D. 多栏日记账
6. 汇总收款凭证是按（　　）。
   A. 付款凭证上的借方科目设置的　　B. 收款凭证上的贷方科目设置的
   C. 收款凭证上的借方科目设置的　　D. 付款凭证上的贷方科目设置的
7. 根据科目汇总表登记总账，起到简化总账记账工作的作用，同时起到（　　）的作用。
   A. 简化明细账记账工作　　B. 反映各账户之间对应关系
   C. 反映科目对应关系　　D. 发生额试算平衡

8. 各企业使用的账务处理程序虽然不同，但各种账务处理程序存在着密切的关系，都是以（　　）为基础发展演变而来的。
   A. 记账凭证账务处理程序　　B. 科目汇总表账务处理程序
   C. 汇总记账凭证账务处理程序　　D. 日记总账账务处理程序

9. 账务处理程序包括（　　）。
A. 账簿组织和记账程序　　B. 账簿组织和填制方法
C. 账簿登记和记账程序　　D. 账簿种类和记账方法
10. 科目汇总表汇总的时间间隔是（　　）。
A. 每 10 日汇总一次　　B. 每月汇总一次
C. 根据各单位业务量的多少而定　　D. 每 5 日汇总一次
11. 汇总记账凭证账务处理程序的优点：一是可以减少登记总账的工作量，二是（　　）。
A. 简单明了，易于理解　　B. 便于了解各账户之间的对应关系
C. 简明易懂　　D. 可以做到试算平衡
12. 常见的三种账务处理程序中，财务报表是根据（　　）编制的。
A. 日记账、总账和明细账　　B. 日记账和明细分类账
C. 明细账和总分类账　　D. 日记账和总分类账
13. 在科目汇总表账务处理程序下，所有记账凭证中的科目对应关系必须是（　　）。
A. 一个借方科目与一个贷方科目相对应
B. 一个借方科目与几个贷方科目相对应
C. 几个借方科目与一个贷方科目相对应
D. 几个借方科目与几个贷方科目相对应
14. 下列各项，不属于通常采用的账务处理程序的是（　　）。
A. 记账凭证账务处理程序　　B. 汇总记账凭证账务处理程序
C. 科目汇总表账务处理程序　　D. 汇总原始凭证账务处理程序
15. 若企业采用（　　），在进行试算平衡时，可只编制余额试算平衡表即可。
A. 记账凭证账务处理程序　　B. 汇总记账凭证账务处理程序
C. 科目汇总表账务处理程序　　D. 多栏式日记账账务处理程序

二、多项选择题（本大题在每小题列出的四个选项中，有两项或两项以上符合题目要求，请将符合题目要求的选项选出。）

1. 账务处理程序是指（　　）相互结合的方式。
A. 会计凭证　　B. 会计账簿　　C. 财务报表　　D. 会计科目
2. 在各种账务处理程序中，登记总分类账的依据有（　　）。
A. 记账凭证　　B. 科目汇总表
C. 记账凭证汇总表　　D. 汇总记账凭证
3. 下列属于账务处理程序意义的有（　　）。
A. 有利于规范会计工作　　B. 有利于保证会计记录的完整性、正确性
C. 有利于减少不必要的会计核算环节　　D. 有利于提高会计工作效率
4. 科目汇总表账务处理程序的优点是（　　）。
A. 减轻登记总账的工作量　　B. 可起到试算平衡的作用
C. 便于分析经济业务的来龙去脉　　D. 对应关系清晰
5. 各种账务处理程序的相同之处包括（　　）。
A. 根据原始凭证或原始凭证汇总表填制记账凭证
B. 根据收款凭证、付款凭证登记日记账
C. 根据总账和有关明细账编制财务报表
D. 月末，总账余额、日记账的余额和各种明细账的余额核对

6. 汇总收款凭证按“库存现金”、“银行存款”账户的（　　）。
A. 贷方设置　　B. 借方设置
C. 贷方科目进行汇总　　D. 借方科目进行汇总
7. 采用汇总记账凭证核算程序，转账凭证的会计分录应为（　　）。
A. 一借一贷　　B. 多借多贷　　C. 一借多贷　　D. 一贷多借
8. 账务处理程序也称（　　）。
A. 会计核算形式　　B. 会计核算组织程序
C. 会计核算结合形式　　D. 会计核算填制形式
9. 可以简化登记总账工作量的账务处理程序有（　　）。
A. 记账凭证账务处理程序　　B. 科目汇总表账务处理程序
C. 汇总记账凭证账务处理程序　　D. 多栏式日记账账务处理程序
10. 在科目汇总表账务处理程序下，记账凭证是用来（　　）的依据。
A. 登记现金日记账　　B. 登记银行存款日记账
C. 登记明细分类账　　D. 登记总分类账
11. 汇总记账凭证账务处理程序与科目汇总表账务处理程序的不同点是（　　）。
A. 登记总账的依据不同　　B. 记账凭证的汇总方法不同
C. 保持了各账户之间的对应关系　　D. 简化了登记总分类账的工作量
12. 各种会计账务处理程序下，登记明细账的依据可能有（　　）。
A. 原始凭证　　B. 汇总原始凭证
C. 记账凭证　　D. 汇总记账凭证
13. 以下属于记账凭证账务处理程序一般步骤的有（　　）。
A. 根据原始凭证或汇总原始凭证填制通用记账凭证或收款凭证、付款凭证、转账凭证
B. 根据收款凭证、付款凭证逐笔登记库存现金日记账和银行存款日记账
C. 根据总分类账和明细分类账的记录编制财务报表
D. 根据汇总原始凭证逐笔登记总账
14. 各种账务处理程序中的记账凭证可以用来（　　）。
A. 登记总分类账　　B. 登记明细分类账
C. 填制科目汇总表　　D. 填制汇总原始凭证
15. 科目汇总表账务处理程序与记账凭证账务处理程序共同之处有（　　）。
A. 登记总账的依据相同　　B. 编制财务报表的依据相同
C. 编制汇总记账凭证的依据相同　　D. 编制科目汇总表的依据相同

三、判断题（判断正误，把你认为正确的在题后的括号内打“√”，错误的打“×”。）

1. 根据记账凭证汇总表登记总分类账，这种账务处理程序是汇总记账凭证账务处理程序。（　　）
2. 科目汇总表账务处理程序适用于所有的企业单位。（　　）
3. 记账凭证账务处理程序的主要缺点是登记总账的工作量较大。（　　）
4. 科目汇总表可以起到试算平衡的作用，而汇总记账凭证能够反映各账户之间的对应关系。（　　）
5. 记账凭证核算的组织形式是其他账务处理程序的基础。（　　）
6. 汇总记账凭证是根据通用记账凭证汇总而成的。（　　）
7. 库存现金日记账和银行存款日记账不论在何种账务处理程序下，都是根据收款凭证和付款凭证逐日逐笔按顺序登记的。（　　）

8. 编制汇总记账凭证的作用是可以对明细分类账进行汇总登记。 ( )
9. 在科目汇总表账务处理程序下，总分类账无须逐日逐笔进行登记。 ( )
10. 在常见的账务处理程序中，共同的账务处理工作均应设置和登记总账。 ( )
11. 记账凭证账务处理程序是最基本的账务处理程序，其特点是登记账簿的工作量较小。 ( )
12. 各种账务处理程序的共同点是根据会计凭证登记明细分类账。 ( )
13. 科目汇总表不仅反映各账户的本期发生额，还反映各账户的期末余额。 ( )
14. 实际工作中，科目汇总表汇总的时间间隔可根据各单位业务量的多少而定。 ( )
15. 记账程序是指会计凭证和会计账簿的种类、格式，是会计凭证与账簿之间的联系方法。 ( )

四、业务题

【资料】

1. 熙凯公司为增值税一般纳税人，税务局核定增值税税率为17%，201×年10月1日，各总分类账户期初余额如表8-14所示。

表 8-14 总分类账户期初余额表

单位：元

账户名称	借方余额	账户名称	贷方余额
库存现金	1 000	累计折旧	285 000
银行存款	125 000	短期借款	80 000
其他应收款	2 000	应付账款	11 700
原材料	85 000	应交税费	3 000
库存商品	27 000	实收资本	600 000
固定资产	950 000	资本公积	70 300
		盈余公积	120 000
		利润分配	20 000
合计	1 190 000	合计	1 190 000

2. 该公司10月份发生的经济业务如下：

（1）1日，收到甲公司投入资本50 000元，存入银行。

（2）2日，销售不需用材料300千克，取得收入300元，增值税税额为51元，收到现金。

（3）4日，采购员王力出差回来，报销差旅费1 900元，退回余款100元（原借款2 000元）。

（4）8日，从星光工厂购入A材料2 000千克，买价为19 400元，增值税税额为3 298元，挑选整理费为600元，款项用银行存款支付，材料已验收入库。

（5）9日，用银行存款偿还短期借款30 000元。

（6）10日，用银行存款缴纳企业所得税3 102元。

（7）12日，用银行存款偿还前欠明达工厂购料款11 700元。

（8）13日，销售给勤亚工厂甲产品200件，单价为200元，增值税税额为6 800元，款项已收存银行。

（9）15日，以银行存款发放工资52 000元。

（10）15日，用银行存款支付产品广告费，增值税专用发票上注明金额18 000元，增值税税额为3 060元。

（11）18日，用现金支付办公用品费280元，其中，生产车间80元，管理部门200元。

（12）20日，生产甲产品车间领用A材料1 000千克，单价为10元，车间领用B材料50千克，单价为4元，管理部门领用C材料100千克，单价为3元。

（13）20日，用银行存款支付本季度的短期借款利息270元。

（14）23日，购入生产用设备一台，价款为128 000元，增值税税额为21 760元，上述款项开出3个月的商业汇票一张，设备已投入使用。

（15）25日，用银行存款支付水电费，增值税专用发票上注明的金额为3 000元，增值税税额为510（生产车间2 200元，管理部门800元）。

（16）27日，销售给胜利工厂甲产品600件，单价为200元，增值税税额为20 400元，款项尚未收到。

（17）31日，计提固定资产折旧8 900元，其中，生产车间6 500元，管理部门2 400元。

（18）31日，结转本月应付职工工资52 000元，其中，生产甲产品工人工资30 000元，车间管理人员工资8 000元，企业管理人员工资14 000元。

（19）31日，按工资总额的14%提取职工福利费7 280元，其中，生产甲产品工人福利费4 200元，车间管理人员福利费1 120元，企业管理人员福利费1 960元。

（20）31日，结转本月制造费用18 100元。

（21）31日，本月生产的甲产品1 000件全部完工入库，结转生产成本62 300元。

（22）31日，结转本月销售800件甲产品的成本50 000元，销售材料成本180元。

（23）31日，经计算，本月销售甲产品应缴纳的城市维护建设税1 673元，教育费附加717元。

（24）31日，将本月主营业务收入160 000元、其他业务收入300元结转到“本年利润”账户。

（25）31日，将本月主营业务成本50 000元、其他业务成本180元、税金及附加2 390元、销售费用1 800元、管理费用21 560元、财务费用270元结转到“本年利润”账户。

【要求】

（1）根据上述经济业务，编制通用记账凭证，如表8-15所示。

表8-15 熙凯公司10月份会计分录表

年		凭证		摘要	账户名称	借方金额	贷方金额
月	日	字	号				

续表

年		凭证		摘　要	账户名称	借方金额	贷方金额
月	日	字	号				

续表

年		凭证		摘　　要	账户名称	借方金额	贷方金额
月	日	字	号				

（2）根据通用记账凭证逐日逐笔登记库存现金日记账、银行存款日记账，如表 8-16 和表 8-17 所示。

表 8-16　库存现金日记账

第　页

年		凭证		摘　　要	对方科目	收入									支出									余额								
月	日	字	号			百	十	万	千	百	十	元	角	分	百	十	万	千	百	十	元	角	分	百	十	万	千	百	十	元	角	分

表 8-17 银行存款日记账

第 页

年		凭证		摘要	结算凭证		对方科目	收入									支出									余额								
月	日	字	号		字	号		百	十	万	千	百	十	元	角	分	百	十	万	千	百	十	元	角	分	百	十	万	千	百	十	元	角	分
					（略）	（略）																												

（3）根据记账凭证、原始凭证及原始凭证汇总表登记有关明细账（只登记应付账款、制造费用明细账，其他从略），如表 8-18 和表 8-19 所示。

表 8-18 应付账款明细账

明细账户：________ 第 页

年		凭证		摘要	借方金额									贷方金额									借或贷	余额								
月	日	字	号		百	十	万	千	百	十	元	角	分	百	十	万	千	百	十	元	角	分		百	十	万	千	百	十	元	角	分

表 8-19 制造费用明细账

第 页

年		凭证		摘要	借方金额																																															
																																													合计							
月	日	字	号		十	万	千	百	十	元	角	分	十	万	千	百	十	元	角	分	十	万	千	百	十	元	角	分	十	万	千	百	十	元	角	分	十	万	千	百	十	元	角	分	十	万	千	百	十	元	角	分

（4）根据记账凭证按月编制科目汇总表，如表8-20所示。

表8-20　科目汇总表

年　月　日至　日　　　　　　　　　　科汇字第　号

会计科目	借方发生额	贷方发生额	账页（√）	记账凭证起讫号数
				（略）
合　计				

（5）根据科目汇总表登记库存现金、主营业务收入总分类账，如表8-21和表8-22所示。

表8-21　总分类账

会计科目：________　　　　　　　　　　第　页

年		凭证		摘要	借方金额									贷方金额									借或贷	余额								
月	日	字	号		百	十	万	千	百	十	元	角	分	百	十	万	千	百	十	元	角	分		百	十	万	千	百	十	元	角	分

表 8-22 总分类账

会计科目：________ 第 页

年		凭证		摘要	借方金额									贷方金额									借或贷	余额								
月	日	字	号		百	十	万	千	百	十	元	角	分	百	十	万	千	百	十	元	角	分		百	十	万	千	百	十	元	角	分

综合测试题一

一、单项选择题（本大题 20 小题，每小题 1 分，共 20 分。在每小题列出的四个选项中，只有一项符合题目要求，请将符合题目要求的选项选出。）

1. 在下列项目中，与“生产成本”属于同一类科目的是（　　）。

A. 期间费用　　B. 管理费用　　C. 制造费用　　D. 生产费用

2. 反映非经常性损益账户的是（　　）。

A. 其他业务收入　　B. 营业外收入

C. 资产减值损失　　D. 税金及附加

3. 符合负债类账户记账规则的是（　　）。

A. 增加记借方　　B. 增加记贷方

C. 减少记贷方　　D. 期末均无余额

4. “应收账款”账户期初借方余额为 35 400 元，本期贷方发生额为 26 300 元，本期借方发生额为 17 900 元，该账户期末余额为（　　）。

A. 借方 43 800 元　　B. 借方 27 000 元

C. 贷方 43 800 元　　D. 贷方 27 000 元

5. 企业的会计核算基础为（　　）。

A. 实地盘存制　　B. 权责发生制

C. 永续盘存制　　D. 收付实现制

6. 下列关于重置成本的表述中，正确的是（　　）。

A. 在重置成本计量下，负债按照现在偿付该项债务所需支付的现金或者现金等价物的金额计量

B. 在重置成本计量下，资产按照重置资产时所付出的对价的公允价值计量

C. 在重置成本计量下，资产按照现在购买相同或者相似资产所需支付的现金或者现金等价物的金额计量

D. 在重置成本计量下，资产按照预计从其持续使用和最终处置中所产生的未来净现金流入量的折现金额计量

7. 结转本月发生的制造费用 1 800 元，记账凭证误填为 8 100 元，并已入账。正确的更正方法是（　　）。

A. 采用划线更正法

B. 用蓝字借记“生产成本”，贷记“制造费用”，金额为 6 300 元

C. 用红字借记“库存商品”，贷记“制造费用”，金额为 6 300 元

D. 用红字借记“生产成本”，贷记“制造费用”，金额为 6 300 元

8. 库存商品明细账一般采用的格式是（　　）。

A. 两栏式　　B. 三栏式　　C. 多栏式　　D. 数量金额式

9. 201×年 1 月 1 日，某企业所有者权益情况如下：实收资本 200 万元，资本公积 18 万元，盈余公积 48 万元，未分配利润 40 万元。则该企业 201×年 1 月 1 日留存收益为（　　）。

A. 66 万元　　B. 106 万元　　C. 58 万元　　D. 88 万元

10. 收到预收款项 35 000 元，存入银行，这一经济业务对会计要素的影响是（　　）。
A. 资产增加 35 000 元，同时负债减少 35 000 元
B. 资产增加 35 000 元，同时负债增加 35 000 元
C. 资产减少 35 000 元，同时负债增加 35 000 元
D. 资产总额不变

11. 对于企业已付款入账而银行尚未入账的未达账项，企业会计人员在编制“银行存款余额调节表”时，应在（　　）。
A. 银行对账单余额方调增　　B. 银行对账单余额方调减
C. 企业银行存款日记账余额方调增　　D. 企业银行存款日记账余额方调减

12. 应收款项的清查采用（　　）。
A. 询证法　　B. 技术推算法　　C. 对账单法　　D. 实地盘点法

13. 经营规模小、业务简单的单位，为了简化核算，可以使用一种统一格式的是（　　）。
A. 专用记账凭证　　B. 汇总记账凭证
C. 科目汇总表　　D. 通用记账凭证

14. 某企业按税后利润提取法定盈余公积，会计人员对该经济业务应编制（　　）。
A. 收款凭证　　B. 付款凭证　　C. 转账凭证　　D. 单式凭证

15. 资产负债表左侧的资产项目排列标准是（　　）。
A. 重要性原则，即重要项目排在前面，次要项目排在后面
B. 流动性大小，即短期债务排在前面，长期债务排在后面
C. 流动性大小，即流动性大的排在前面，流动性小的排在后面
D. 金额的大小，即金额小的排在前面，金额大的排在后面

16. 关于企业利润表项目的计算，下列表述正确的是（　　）。
A. 企业的利润总额由营业利润、投资收益和营业外收入三部分组成
B. 营业成本=主营业务成本+其他业务成本+税金及附加+营业外支出
C. 营业收入=主营业务收入+其他业务收入+营业外收入+投资收益
D. 净利润=利润总额－所得税费用

17. 往来款项不包括（　　）。
A. 应收账款　　B. 应付债券　　C. 预收账款　　D. 应收票据

18. 企业支付的税款滞纳金应当计入的账户是（　　）。
A. 财务费用　　B. 营业外支出
C. 以前年度损益调整　　D. 其他业务成本

19. 适用于经济业务量多的账务处理程序是（　　）。
A. 账簿核对账务处理程序　　B. 汇总记账凭证账务处理程序
C. 记账凭证账务处理程序　　D. 科目汇总表账务处理程序

20. 以记账凭证为依据，按有关账户的贷方设置，按借方科目归类的是（　　）。
A. 汇总收款凭证　　B. 汇总转账凭证
C. 原始凭证汇总表　　D. 科目汇总表

二、多项选择题（本大题 10 小题，每小题 2 分，共 20 分。在每小题列出的四个选项中，有两项或两项以上符合题目要求，请将符合题目要求的选项选出。）

1. 库存现金清查的内容包括（　　）。
A. 有无超过现金限额　　B. 有无白条抵库
C. 有无出租出借银行账户　　D. 有无挪用舞弊

2. 下列做法中，违背会计核算可比性的有（　　）。
   A. 某固定资产性能改善，延长使用寿命
   B. 管理固定资产的会计人员在未得到批准情况下，改变固定资产的折旧方法
   C. 企业对可能发生的资产减值损失计提资产减值准备
   D. 由于被投资企业发生亏损，该投资由权益法改为成本法
3. 执行《企业会计准则》的企业，将会计科目分为资产类、负债类及（　　）。
   A. 所有者权益类　B. 成本类　C. 损益类　D. 共同类
4. 债权是企业收取款项的权利，下列各项属于债权的有（　　）。
   A. 应收款项　B. 预付款项　C. 应付款项　D. 实收资本
5. 所有者权益包括（　　）。
   A. 实收资本　B. 未分配利润
   C. 资本公积　D. 以前年度损益调整
6. 下列各项错账，不影响账户平衡关系的有（　　）。
   A. 会计科目用错　B. 记账方向颠倒
   C. 记账时，漏记记账凭证中的某一个账户　D. 重复登记整笔交易、事项
7. 下列各项中，属于营业外收入的有（　　）。
   A. 政府补助　B. 处置非流动资产利得
   C. 盘盈利得　D. 非货币性资产交换利得
8. 下列关于会计账簿的更换和保管的说法中，正确的有（　　）。
   A. 备查账可以连续使用
   B. 总账、日记账和多数明细账每年更换一次
   C. 变动较小的明细账可以连续使用，不必每年更换
   D. 会计账簿由本单位财务会计部门保管半年后，交由本单位档案管理部门保管
9. 下列说法正确的有（　　）。
   A. 短期借款明细账应采用三栏式账页格式
   B. 应收账款总账应采用订本式账簿
   C. 制造费用明细账应采用多栏式账页格式
   D. 库存商品总账应采用三栏式订本账
10. 在不同的会计账务处理程序下，登记总账的依据可以有（　　）。
   A. 记账凭证　B. 记账凭证汇总表
   C. 汇总记账凭证　D. 汇总原始凭证

三、判断题（本大题10小题，每小题1分，共10分。判断正误，把你认为正确的在题后的括号内打“√”，错误的打“×”。）

1. 记账凭证所附的原始凭证数量过多时，可以单独装订保管，但应在其封面及有关记账凭证上加注说明。（　　）

2. 企业用盈余公积转增资本，增加了企业的注册资本，同时也会改变企业所有者权益的总额。（　　）

3. 复合会计分录应当由几个简化会计分录合并而成。（　　）

4. 会计科目是由国家统一规定的，各单位必须严格执行，不能增设或减并。（　　）

5. 在汇总记账凭证账务处理程序下，若某一贷方科目的转账凭证数量不多，可以根据转账凭证登记总分类账。（　　）

6. 中期财务报表是企业对一个阶段财务状况的总结，没有年度财务报表重要，可以不必提供财务报表附注。 (　　)

7. 存货的仓储费用是存货成本的一个组成部分。 (　　)

8. 记账凭证上应借、应贷的会计科目并无错误，只是金额填写错误，从而导致账簿记录错误，可采用划线更正法予以更正。 (　　)

9. 年终结账时，对于有余额的账户，应将其余额直接记入下年新账余额栏内，不需要编制记账凭证。 (　　)

10. 无法支付的账款在批准处理前，不需要通过“待处理财产损溢”账户核算。 (　　)

四、业务题（共 30 分）

【资料】信达公司 201×年 12 月份发生以下部分经济业务：

1. 3 日，采购员刘刚预借差旅费 1 000 元，以现金付讫。

2. 5 日，向银行借入半年期的借款 50 000 元，存入银行。

3. 8 日，以现金购买办公用品 300 元，其中，厂部领用 200 元，车间领用 100 元。

4. 9 日，向华达公司购买甲材料 1 000 千克，单价为 60 元，买价为 60 000 元，应负担增值税税额为 10 200 元；购买乙材料 300 千克，单价为 100 元，买价为 30 000 元，应负担增值税税额为 5 100 元；同时支付材料运杂费 2 700 元，价税及运杂费均以银行存款支付，材料已运达并验收入库（运杂费按材料买价进行分配）。

5. 11 日，收到上月销售给榆林工厂材料的货款 13 600 元，已存入银行。

6. 12 日，收到大华公司以专利权向企业的投资，公允价值为 60 000 元。

7. 14 日，销售给国丰公司 A 产品 1 000 件，单价为 150 元，增值税税额为 25 500 元；B 产品 200 件，单价为 100 元，增值税税额为 3 400 元，货款尚未收到。

8. 15 日，签发 120 000 元的转账支票一张，发放工资。

9. 18 日，以银行存款支付生产 A 产品的电费 8 000 元，B 产品的电费 5 000 元，车间照明用电 3 000 元，厂部照明用电 1 000 元。

10. 22 日，采购员刘刚出差归来报销差旅费 1 300 元，不足部分以现金付讫。

11. 22 日，开出转账支票一张，支付产品展销摊位费 6 700 元。

12. 31 日，计提固定资产折旧费，其中，生产车间 43 000 元，企业管理部门 39 000 元。

13. 31 日，分别按本月缴纳的增值税税额 185 000 元、消费税税额 235 000 元的 7%、3%计提城市维护建设税和教育费附加。

14. 31 日，将本月取得的主营业务收入 863 000 元、其他业务收入 128 000 元、投资收益 75 000 元结转到本年利润账户。

15. 31 日，按全年实现的净利润 350 000 元的 10%提取法定盈余公积，按其 5%提取任意盈余公积。

【要求】根据上述资料，编制会计分录。

信达公司 12 月份会计分录表

序　号	摘　要	会 计 分 录
1		

续表

序　号	摘　要	会 计 分 录
2		
3		
4		
5		
6		
7		
8		
9		
10		
11		

续表

序号	摘要	会计分录
12		
13		
14		
15		

五、实践题（20 分）

1.【要求】根据以下原始凭证编制通用记账凭证。

收 料 单

供应单位：兴达公司

发票号码：00004778　　　　201×年 12 月 6 日　　　　收料仓库：4 号仓库　　　　单位：元

材料名称	规格	计量单位	数量		实际成本					计划成本	
			应收	实收	买价		运杂费	其他	合计	单位成本	金额
					单价	金额					
圆钢		千克	300	300	20	6 000	500		6 500		
合计			300	300	—	6 000	500		6 500		

记账：×××　　　　收料：×××　　　　制单：×××

记 账 凭 证

年　月　日　　　　字第×号

摘要	总账科目	明细科目	√	借方金额										√	贷方金额									
				千	百	十	万	千	百	十	元	角	分		千	百	十	万	千	百	十	元	角	分
合　计																								

附单据　张

财务主管：×××　　审核：×××　　记账：×××　　出纳：×××　　制单：

2. 龙泰公司 201×年 9 月 30 日，有关损益类账户本期发生额如下表所示（假设本期无其他纳税调整事项，适用的企业所得税税率为 25%）。

损益类账户本期发生额

单位：元

账户名称	本期贷方发生额	账户名称	本期借方发生额
主营业务收入	*550 000*	主营业务成本	*340 000*
其他业务收入	*8 000*	其他业务成本	*5 000*
投资收益	*10 000*	税金及附加	*12 000*
营业外收入	*9 000*	管理费用	*11 000*
		销售费用	*6 000*
		财务费用	*3 000*
		营业外支出	*2 000*

【要求】根据上述资料，编制本期的利润表。

利　润　表

会企 02 表

编制单位：　　　　　　　　年　月　日　　　　　　　　单位：元

项　　目	本期金额	上期金额
一、营业收入		
减：营业成本		
税金及附加		
销售费用		
管理费用		
财务费用		
资产减值损失		
加：公允价值变动损益（损失以“–”号填列）		（略）
投资收益（损失以“–”号填列）		
其中：对联营企业和合营企业的投资收益		
二、营业利润		
加：营业外收入		
减：营业外支出		
其中：非流动资产处置损失		
三、利润总额（亏损总额以“–”号填列）		
减：所得税费用		
四、净利润（净亏损以“–”号填列）		
五、每股收益		
（一）基本每股收益		
（二）稀释每股收益		

综合测试题二

一、单项选择题（本大题 20 小题，每小题 1 分，共 20 分。在每小题列出的四个选项中，只有一项符合题目要求，请将符合题目要求的选项选出。）

1. 下列会计科目属于成本类科目的是（　　）。
   A. 营业成本　B. 销售费用　C. 财务费用　D. 生产成本
2. 总分类科目和明细分类科目，是按照提供信息的（　　）进行分类的。
   A. 经济内容及其统驭关系　B. 详细程度及其统驭关系
   C. 经济用途及其统驭关系　D. 经济内容及其结构
3. 在借贷记账法下，账户的期末余额一般在（　　）。
   A. 增加额的一方　B. 借方发生额的一方
   C. 减少额的一方　D. 贷方发生额的一方
4. 下列账户余额一般在贷方的是（　　）。
   A. 主营业务收入　B. 应付职工薪酬
   C. 管理费用　D. 税金及附加
5. 下列各项中，不符合谨慎性要求的是（　　）。
   A. 固定资产计提减值准备
   B. 存货期末计价采用成本与可变现净值孰低法
   C. 对售出商品可能发生的保修义务等确认预计负债
   D. 可供出售金融资产期末按公允价值计量
6. 权责发生制和收付实现制产生的基础是（　　）。
   A. 会计主体的确立　B. 货币计量的确定
   C. 会计要素的划分　D. 会计分期的确定
7. 从银行提取现金的业务，应根据（　　）登记库存现金日记账的（　　）。
   A. 库存现金收款凭证　支出栏　B. 库存现金付款凭证　支出栏
   C. 银行存款收款凭证　收入栏　D. 银行存款付款凭证　收入栏
8. 总账和明细账的同时登记，应采用（　　）。
   A. 核对账目法　B. 试算平衡法
   C. 平行登记法　D. 技术推算法
9. 某企业材料总分类账户本期借方发生额为 8 000 元，本期贷方发生额为 7 500 元，其有关明细分类账户的发生额分别为甲材料本期借方发生额 1 600 元，贷方发生额 2 500 元，乙材料本期借方发生额 5 900 元，贷方发生额 4 500 元，则丙材料本期为（　　）。
   A. 借方发生额 7 500 元，贷方发生额 7 000 元
   B. 借方发生额 3 700 元，贷方发生额 2 000 元
   C. 借方发生额 500 元，贷方发生额 1 000 元
   D. 借方发生额 500 元，贷方发生额 500 元
10. 企业拥有或控制的、没有实物形态的可辨认非货币性资产是指（　　）。
    A. 有形资产　B. 无形资产　C. 固定资产　D. 无形动产

11. 某大型企业资产总额为4 000万元，负债为2 000万元，以银行存款600万元偿还借款，并以银行存款700万元购买固定资产，该企业所有者权益总额为（　　）。

A. 4 000万元　B. 3 000万元　C. 3 400万元　D. 2 000万元

12. 财产清查是对（　　）进行盘点和核对，确定其实存数，并查明其账存数与实存数是否相符的一种专门方法。

A. 某项存货　B. 某项固定资产

C. 某种货币资金　D. 各项财产

13. 在银行存款对账中，未达账项不包括（　　）。

A. 银行已收款入账、企业未收款入账　B. 企业未付款入账、银行已付款入账

C. 企业未付款入账、银行也未付款入账　D. 银行已付款入账、企业未付款入账

14. 下列各项中，不属于记账凭证基本要素的是（　　）。

A. 记账凭证的名称、日期、编号及经济业务摘要

B. 交易或事项涉及的会计科目、记账方向及金额

C. 记账标记及原始凭证附件

D. 单位负责人及主管会计签章

15. 下列关于记账凭证填制的基本要求，错误的是（　　）。

A. 记账凭证各项内容必须完整

B. 所有的记账凭证都必须附原始凭证

C. 记账凭证应当连续编号

D. 填制记账凭证时若发生错误，应当重新填制

16. 利润表项目的“本期数”金额，填制依据是（　　）。

A. 损益类账户的本期发生额　B. 损益类账户的期末余额

C. 损益类账户的本期贷方发生额　D. 损益类账户的本期借方发生额

17. 资产负债表的流动负债项目通常按照（　　）的顺序排列。

A. 短期借款、应付票据、应付账款、应付职工薪酬、应交税费

B. 短期借款、长期借款、应付账款、应付职工薪酬、应交税费

C. 应付票据、应付账款、短期借款、应付职工薪酬、应交税费

D. 应付账款、应交税费、短期借款、应付职工薪酬、长期借款

18. 企业无论从何种途径取得的材料，入库时均要通过（　　）科目核算。

A. 在途物资　B. 原材料　C. 应付账款　D. 应交税费

19. 下列选项中，不属于固定资产取得方式的是（　　）。

A. 自行建造　B. 经营性租入　C. 接受捐赠　D. 外购

20. 汇总记账凭证账务处理程序的特点是根据汇总记账凭证逐笔登记（　　）。

A. 日记账和明细分类账　B. 科目汇总表

C. 总分类账　D. 明细分类账

二、多项选择题（本大题10小题，每小题2分，共20分。在每小题列出的四个选项中，有两项或两项以上符合题目要求，请将符合题目要求的选项选出。）

1. 下列选项中，属于会计假设的有（　　）。

A. 会计主体　B. 持续经营　C. 会计分期　D. 实物计量

2. 对于收入类账户来讲，（　　）。

A. 其增加额计入账户的贷方　B. 其减少额计入账户的借方

C. 期末一般没有余额　D. 如有期末余额，通常为借方余额

3. 下列公式正确的有（　　）。

A. 利润总额 = 营业利润 + 营业外收入 – 营业外支出 + 以前年度损益调整

B. 利润总额 = 营业利润 + 营业外收入 – 营业外支出

C. 净利润 = 利润总额 – 所得税费用

D. 净利润 = 营业利润 – 所得税费用

4. 财产清查的种类有许多分类方法，主要包括（　　）。

A. 按照清查的执行系统不同，可以分为内部清查和外部清查

B. 按照财产清查的时间不同，可分为定期清查和不定期清查

C. 按照财产清查的内容不同，可分为重点项目清查和一般项目清查

D. 按照财产清查的范围不同，可分为全面清查和局部清查

5. 下列公式正确的有（　　）。

A. 全部账户的期初借方余额合计 = 全部账户的期初贷方余额合计

B. 全部账户的期末借方余额合计 = 全部账户的期末贷方余额合计

C. 全部账户的期初借方余额合计 = 全部账户的期末借方余额合计

D. 全部账户的期初贷方余额合计 = 全部账户的期末贷方余额合计

6. 下列各项中，在贷方登记的有（　　）。

A. 费用的增加　B. 收入的增加　C. 利润的增加　D. 资产的减少

7. 下列各项税金中，不通过“税金及附加”科目核算的有（　　）。

A. 增值税　B. 消费税　C. 企业所得税　D. 个人所得税

8. 结账的程序包括（　　）。

A. 结出资产、负债和所有者权益账户的本期发生额和余额，并转入下期

B. 将本期内发生的经济业务全部记入有关账簿

C. 将损益类科目记入“本年利润”科目，结平所有损益类科目

D. 按照权责发生制的要求，调整有关账项，合理确定本期应计的收入和应计的费用

9. 企业设置一种通用的记账凭证，该种凭证可用于登记（　　）。

A. 库存现金日记账　B. 银行存款日记账

C. 总分类账　D. 各种明细分类账

10. 下列科目中，可能成为收款凭证贷方科目的有（　　）。

A. 库存现金　B. 银行存款　C. 应交税费　D. 应收账款

三、判断题（本大题 10 小题，每小题 1 分，共 10 分。判断正误，把你认为正确的在题后的括号内打“√”，错误的打“×”。）

1. 收料单、领料单、工资费用分配表、折旧计算表都属于通用凭证。（　　）

2. 专利权、商标权等不具有实物形态，因此不属于资产。（　　）

3. 企业采用重置成本、可变现净值、现值和公允价值计量的，应当保证所确定的会计要素金额能够取得并可靠计量。（　　）

4. 记账符号是复式记账法中的必要组成部分，确立了记账符号之后才能定义账户结构。（　　）

5. “坏账准备”、“长期投资减值准备”、“累计折旧”、“无形资产减值准备”科目均属于资产类备抵科目。（　　）

6. 账务处理程序也称会计核算形式，是指会计凭证、会计账簿、记账程序、财务报表相结合的方式。（　　）

7. “无形资产”项目的金额根据“无形资产”账户的期末余额，减去“累计摊销”后的期末余额计算填列。（　　）

8. 产品的生产成本包括为生产该种产品而发生的直接人工费、直接材料费、制造费用及销售费用。（　　）

9. 总分类账户根据总分类科目设置，明细分类账户根据明细分类科目设置，所以总分类账户与其所属明细分类账户的相关金额之和有时是不相等的。（　　）

10. 财产清查中发生的各种财产物资的盘盈、盘亏和毁损都应通过“待处理财产损溢”账户核算。（　　）

四、业务题（30分）

【资料】熙源公司201×年12月份发生以下部分经济业务：

1. 3日，收到大力公司投入的设备一台，价款为130 000元，增值税税额为22 100元。

2. 5日，从达成公司购入钢材一批，价款为30 000元，增值税税额为5 100元，装卸费为200元。材料到达企业，已验收入库，上述款项以银行存款支付。

3. 9日，以银行存款支付到期的短期借款12 600元。

4. 11日，销售材料一批，价款为10 000元，增值税税额为1 700元，价税合计为11 700元，收到对方开出的期限为6个月的商业汇票一张。

5. 14日，以银行存款支付前欠东风工厂的货款17 000元。

6. 30日，计提本月应负担的短期借款利息2 000元。

7. 31日，本月应支付的工资为120 000元，按部门和用途分配如下：生产产品工人工资80 000元（其中：A产品工人工资50 000元，B产品工人工资30 000元），车间管理人员工资20 000元，厂部管理人员工资20 000元。

8. 31日，收到某联营单位支付的违约金2 000元，存入银行。

9. 31日，结转本月销售材料的成本7 000元。

10. 31日，经批准将资本公积200 000元转增资本。

11. 31日，按A、B产品生产工人工资比例分配并结转本月制造费用8 800元。

12. 31日，计算并结转完工入库产品的生产成本。其中A产品700件，单位生产成本为100元，B产品1 000件，单位生产成本为60元。

13. 31日，将本月发生的主营业务成本180 000元、其他业务成本30 000元、税金及附加34 000元、销售费用13 000元、管理费用56 000元、营业外支出4 000元结转到“本年利润”账户。

14. 31日，计算所得税费用42 500元。

15. 31日，按规定将当年实现的税后净利润580 000元的15%分配给投资者。

【要求】根据上述资料，编制会计分录。

熙源公司12月份会计分录表

序　号	摘　要	会计分录
1		
2		

续表

序　号	摘　要	会 计 分 录
3		
4		
5		
6		
7		
8		
9		
10		
11		
12		

续表

序号	摘要	会计分录
13		
14		
15		

五、实践题（20分）

1. 熙华工厂201×年3月5日开出一张商业汇票，用以抵付前欠黄河公司货款87 000元，根据有关凭证，已编制记账凭证（凭证号：记字第5号），并已登记入账。原记账凭证填制如下：

记账凭证

201×年3月5日　　记字第5号

摘要	总账科目	明细科目	√	借方金额										√	贷方金额										
				千	百	十	万	千	百	十	元	角	分		千	百	十	万	千	百	十	元	角	分	附
抵付前欠款	应付账款	黄河公司					7	8	0	0	0	0	0												单
	应付票据	黄河公司																7	8	0	0	0	0	0	据
																									1
合计						¥	7	8	0	0	0	0	0				¥	7	8	0	0	0	0	0	张

财务主管：林彤　　审核：王万林　　记账：赵四程　　制单：严晓玲

201×年3月31日核对时，发现该记账凭证有错误。要求：采用最适当的方法进行错账更正（只编制更正错账的凭证，假设该记账凭证已编制号数为89号）。

记账凭证

年　月　日　　记字第×号

摘要	总账科目	明细科目	√	借方金额										√	贷方金额										
				千	百	十	万	千	百	十	元	角	分		千	百	十	万	千	百	十	元	角	分	附
																									单
																									据
合计																									张

财务主管：　　审核：　　记账：　　制单：

2.【资料】华洋公司201×年3月份发生以下经济业务：

（1）4日，收到林宏公司投入资金320 000元，存入银行。

（2）6日，采购员李明出差预借差旅费800元，以现金付讫。

（3）8日，向华达贸易公司购入甲材料1 000千克，单价为15元，进项税税额为2 550元，以银行存款支付上述款项，材料尚未验收入库。

（4）9日，销售给东海商场A产品100件，单价为900元，增值税税额为15 300元，以银行存款代垫运费600元。上述款项尚未收到。

（5）11日，以银行存款支付已计提的短期借款利息300元。

（6）12日，签发转账支票，委托银行发放工资40 000元。

【要求】编制该公司201×年3月1—15日的科目汇总表。

科目汇总表

年　月　日至　日　　　　科汇字第　号

科　目	借方金额	贷方金额
合　计		

反侵权盗版声明

举报电话：（010）88254396；（010）88258888

传　　真：（010）88254397

E-mail：　dbqq@phei.com.cn

通信地址：北京市海淀区万寿路 173 信箱

　　　　　电子工业出版社总编办公室

邮　　编：100036